LES BOOMERS FINIRONT BIEN PAR **CREVER**

Les Éditions Transcontinental inc.
1100, boul. René-Lévesque Ouest
24e étage
Montréal (Québec) H3B 4X9
Tél. : (514) 392-9000
1 800 361-5479

Pour connaître nos autres titres, tapez www.livres.transcontinental.ca. Vous voulez bénéficier de nos tarifs spéciaux s'appliquant aux bibliothèques d'entreprise ou aux achats en gros ? Informez-vous au **1 866 800-2500**.

Distribution au Canada
Les messageries ADP
2315, rue de la Province, Longueuil (Québec) J4G 1G4
Tél. : (450) 640-1234 ou 1 800 771-3022
adpcommercial@sogides.com

Données de catalogage avant publication (Canada)

Samson, Alain
Les boomers finiront bien par crever : guide destiné aux jeunes qui devront payer les pots cassés

ISBN 2-89472-289-3

1. Jeunes adultes - Québec (Province) - Conditions sociales - 21e siècle. 2. Jeunes adultes - Québec (Province) - Conditions économiques - 21e siècle. 3. Québec (Province) - Conditions sociales - 21e siècle. 4. Québec (Province) - Conditions économiques - 21e siècle. 5. Vieillissement - Aspect économique - Québec (Province). I. Titre.

HQ799.8.C32Q4 2005   305.242'09714   C2005-941639-4

Révision : Jean-François Tremblay
Correction : Geneviève Roquet
Conception graphique de la couverture et mise en pages : Studio Andrée Robillard

Tous droits réservés. Toute reproduction en tout ou en partie, par quelque procédé que ce soit, graphique, électronique ou mécanique, est strictement interdite sans l'autorisation écrite de l'éditeur.

Imprimé au Canada
© Les Éditions Transcontinental, 2005
Dépôt légal — 4e trimestre 2005
Bibliothèque nationale du Québec
Bibliothèque nationale du Canada

ISBN 2-89472-289-3

Nous reconnaissons, pour nos activités d'édition, l'aide financière du gouvernement du Canada, par l'entremise du Programme d'aide au développement de l'industrie de l'édition (PADIÉ), ainsi que celle du gouvernement du Québec (SODEC), par l'entremise du programme Aide à la promotion.

Alain Samson

LES BOOMERS
FINIRONT BIEN PAR
CREVER

Les Éditions
Transcontinental

Table des matières

Introduction
Êtes-vous dans le pétrin ? 9
   De quoi a l'air votre avenir ? 9
   Notre itinéraire 13

Chapitre 1
On devient ce qu'on vit 15
   La théorie des types psychologiques 17
   Comment naissent les valeurs chez l'individu 18
   La notion de cohorte 24
   Quelques mises en garde 26

Chapitre 2
Portrait des 3 cohortes précédentes 29
   Les traditionalistes 30
   Les boomers 36
   Les idéalistes 38

Les cyniques	44
La génération X	47

Chapitre **3**
Tendances et discontinuité — 55

Le déclin de la communauté	56
La victimisation	64
Le nivellement par le bas	67
La course au bonheur instantané	72
L'omniprésence de l'État	74
La correction du test	75

Chapitre **4**
Et puis vous êtes arrivés — 77

Une génération choyée	78
L'incidence sur la taxation	81
Comment vous voyez le monde	85
Ce que les autres cohortes générationnelles pensent de vous	89
Et vous arrivez au bon moment	91

Chapitre **5**
Prendre votre place dans la société — 93

Vous n'êtes pas trop jeune	94
Être prêt	95
Préparez-vous à être un meilleur citoyen	97
Préparez-vous à mieux consommer	100
Préparez-vous à devenir un leader	101
Votre performance actuelle	110

Votre potentiel	111
Apprenez à vous faire apprécier	113
D'autres décisions que vous aurez à prendre	116

Chapitre 6
Faut-il haïr les boomers ?

Faut-il haïr les boomers ?	121
La croissance économique	121
Le sentiment d'invincibilité	124
Et si ce n'était que du vent ?	129
La courbe de Judith	131
Et maintenant ?	139

Chapitre 7
Redéfinir l'État ?

Redéfinir l'État ?	141
Les vieux paradigmes	142
Des pistes de redéfinition	149

Conclusion

Conclusion	155
Pour les millénaires	155
Pour les autres	158

Bibliographie

Bibliographie	161

Introduction

Êtes-vous dans le pétrin ?

Cet ouvrage s'adresse principalement aux membres de la génération du millénaire, c'est-à-dire aux Québécois nés après 1980. Les lecteurs plus vieux qui décideraient tout de même de le lire sont priés de ne pas écrire à l'auteur ou à l'éditeur pour s'en plaindre. Une note à leur intention : ce qui suit risque de vous déplaire. Et il vaudrait mieux que vous réagissiez à ce livre comme vous réagissez à la majorité des problèmes actuels : en les ignorant. Vous voici donc prévenus. Si vous choisissez tout de même de continuer votre lecture, ne vous sentez pas directement interpellé. Considérez-vous davantage comme un observateur.

C'est fait ? L'arrière-garde est partie ? Alors commençons...

De quoi a l'air votre avenir ?

Comment envisagez-vous l'avenir ? Comment voyez-vous *votre* avenir ? Si vous vous fiez à ce que vous répètent chaque jour les médias, vos lendemains peuvent vous sembler bien sombres.

Voici en effet quelques-uns des messages qui reviennent sans cesse dans votre environnement.

- Même si l'on a atteint le déficit zéro, la dette québécoise ne cesse de s'accroître. Le seul paiement de l'intérêt sur celle-ci gruge actuellement 18 % des revenus de l'État. À la moindre augmentation des taux d'intérêt ou dès la plus petite récession, ce pourcentage deviendra plus élevé, réduisant d'autant la mince marge de manœuvre de l'État. Les groupes d'intérêt qui exercent actuellement une influence sur les pouvoirs publics ne favorisent pas du tout un remboursement de la dette. Ils ont décidé de vous la refiler en espérant finir leur vie avant qu'une crise financière éclate.

LE MYTHE DU DÉFICIT ZÉRO

Certains auront de la difficulté à croire ce qui précède. Comment, en effet, la dette du Québec peut-elle augmenter alors que nous avons depuis quelques années atteint le déficit zéro ?

La réponse est simple : le déficit zéro, c'est de la frime. Ce déficit n'englobe que les dépenses de fonctionnement de l'État québécois, et on le maintient artificiellement à zéro en modifiant d'année en année le « périmètre fiscal » de l'État.

Le périmètre fiscal, c'est ce que le gouvernement décide d'inclure dans ses états financiers. Ainsi, si la Société de l'assurance automobile du Québec fait des bénéfices durant telle année, ses états financiers seront inclus dans ceux du Québec. Par contre, si elle affiche un budget déficitaire, on n'en tiendra pas compte. Même chose pour les déficits des hôpitaux, qui s'alourdissent d'année en année. On ne les inclut pas dans les états financiers de la province.

Introduction

> Comme le mentionnait Yves Séguin, député d'Outremont et ministre des Finances, à l'occasion du Conseil général du Parti libéral du Québec en 2004 : « Le Québec est la province la plus endettée. La dette représente 44 % de notre produit intérieur brut, soit 14 495 $ par habitant, près du double de celle de l'Ontario. Malgré l'atteinte du déficit zéro, la dette totale du Québec a continué d'augmenter et représentera, au 31 mars 2004, 111,5 milliards de dollars. Une des conséquences de la hausse de la dette publique est que le gouvernement doit consacrer une part de plus en plus importante de ses revenus à des paiements d'intérêts. »
>
> Et que se passerait-il si, comme contribuable, vous faisiez preuve de la même créativité comptable en produisant votre déclaration de revenus ? Si vous ne voulez pas avoir de problèmes, n'y pensez même pas !

- Pendant ce temps, la mondialisation continue sur sa lancée, et de plus en plus d'entreprises ne retirent aucun avantage d'être établis en Amérique du Nord. Les emplois perdus sont souvent payants (dans l'industrie du textile, celle du papier et de la métallurgie, par exemple), et ceux par lesquels on les remplace sont de plus en plus souvent précaires.

- La nation québécoise a perdu confiance en l'avenir. À preuve, elle ne fait plus d'enfants (alors que les Américains ont recommencé à en mettre au monde ; nous y reviendrons au chapitre 4) et les membres de sa classe politique peuvent même se faire réélire sans offrir de vision d'avenir.

- Le vieillissement de la population cessera bientôt d'être une préoccupation théorique pour en devenir une d'ordre financier. Alors qu'on compte présentement 5 travailleurs pour 1 retraité, cette proportion passera à 2 pour 1 d'ici 25 ans. Ces retraités recevront des pensions de vieillesse et coûteront très cher en frais médicaux. Qui, selon vous, devra payer la note ?

- Le nombre de Québécois souffrant de dépression a décuplé au cours des 30 dernières années. Selon IMS Canada, les Québécois ont obtenu 5,1 millions d'ordonnances pour des antidépresseurs en 2003. Ceux qui consomment ces médicaments sont moins productifs que leurs homologues, mais comme ils ont souvent plus d'ancienneté que les travailleurs plus jeunes et en meilleure santé psychologique, ils conservent des postes mieux rémunérés et s'avèrent donc encore plus nuisibles à la productivité des organisations québécoises.

En théorie, donc, vous êtes dans la merde : les effets négatifs des décisions passées ou actuelles se feront sentir plus tard, alors que les décideurs d'aujourd'hui n'auront plus à subir les contrecoups de leur incompétence. Et ils semblent n'en avoir que faire de vous...

Cette vision de l'avenir, cependant, a pour horizon l'espérance de vie des leaders en place. Voyez un peu plus loin, et l'avenir devient soudain porteur de quelques bonnes nouvelles.

- Ces boomers vieillissants et bientôt malades finiront par mourir, ce qui réduira les besoins financiers de l'État en matière de santé et lui redonnera une marge de manœuvre.

- Le même principe s'applique en ce qui concerne les pressions que subiront bientôt les régimes de pension de vieillesse.

Introduction

⊙ Les leaders actuels seront remplacés un jour. Vous prendrez bientôt votre place et vous serez alors en mesure de remettre en question les structures considérées comme sacro-saintes par les générations précédentes et qui n'ont d'autre effet que de maintenir les privilèges de ces derniers.

Ce livre se veut optimiste. Mais, pour dégager un portrait optimiste de l'avenir, il faut dans un premier temps arriver à mieux cerner le présent. Qui sont les leaders actuels? Comment ont-ils développé leur système de valeurs? Pourquoi votre mode de pensée est-il différent du leur? Pourquoi répugnez-vous à acheter des produits dont le faible coût est dû à l'exploitation d'êtres humains vivant dans des pays émergents alors que vos aînés continuent de le faire? Pourquoi offre-t-on encore les promotions en fonction de l'ancienneté plutôt que de la compétence? Pourquoi le Québec s'entête-t-il à agir comme s'il pouvait vivre en autarcie?

En comprenant mieux ceux qui vous ont précédé et en prenant conscience du fait que les tendances peuvent être modifiées, vous développerez une nouvelle vision de votre avenir.

Notre itinéraire

Le **chapitre 1** explique comment naissent les valeurs chez les gens et pourquoi il est normal que, d'une cohorte générationnelle à une autre, elles diffèrent. Il est probable que vous y verrez également ce qui a fait de vous ce que vous êtes.

Le **chapitre 2** vous présente les traditionalistes, les boomers et les membres de la génération X. Ces trois groupes constituent les trois cohortes ayant précédé la vôtre. Ils ont façonné le monde dans lequel vous vivez actuellement. Vous découvrirez pourquoi ils sont comme ils sont et agissent comme ils le font.

Le **chapitre 3** résume les principales tendances qui ont marqué notre société depuis une soixantaine d'années tout en posant la question suivante : les tendances actuelles, bien qu'elles s'inscrivent dans une tradition, doivent-elles nécessairement se maintenir? Comme vous le verrez, nous répondrons par la négative : une nouvelle génération peut en tout temps préférer la discontinuité à la continuité.

Le **chapitre 4** présente votre cohorte générationnelle, celle du millénaire. Vous y découvrirez ce qui vous distingue des cohortes précédentes et pourquoi vos pairs et vous formerez probablement la prochaine « grande génération ».

Le **chapitre 5** vous suggère quelques moyens de prendre votre place en société. Malgré ce que vous pensez peut-être, vous pouvez dès aujourd'hui commencer à modeler notre société d'après vos valeurs.

Le **chapitre 6** répondra franchement à une question que vous vous poserez à ce stade de votre lecture : faut-il haïr les boomers? Vous y découvrirez qu'il vous faut plutôt trouver des moyens de les contenir, et ce, le plus rapidement possible.

Le **chapitre 7,** finalement, propose des pistes de réflexion sur la raison d'être d'un gouvernement et sur les possibilités de le façonner à votre image.

Alors, vous croyez être dans la merde? Je vous dirais que vous ne vous y retrouverez que si vous suivez les modèles des gens qui vous ont précédé. De nombreuses occasions se présentent déjà à vous. Situez-vous dans une perspective historique, apprenez à mieux accepter les gens qui sont différents de vous et choisissez la voie que vous dictent vos convictions les plus profondes. Voilà ce que je vous propose.

Chapitre 1

On devient ce qu'on vit

Il y a quelques semaines, dans la région de Québec, j'ai eu la chance de donner à une vingtaine de courtiers prospères une conférence portant sur mon livre *Comment devenir un meilleur boss*.

Comme à l'habitude, au cours des discussions informelles qui ont suivi mon discours, j'ai cerné de façon plus précise les préoccupations des participants. Deux d'entre elles m'ont frappé :

1. Ces entrepreneurs craignaient moins de perdre un client qu'un employé.
2. Ils étaient pris au dépourvu par les comportements de plusieurs des membres de leur personnel.

Quelques jours plus tard, j'ai soumis à un nouvel auditoire la question suivante : « Que pensez-vous de vos plus jeunes employés ? » Voici le genre de réponses que j'ai obtenues :

▶▶ « Ils ne sont pas loyaux. Ils sont toujours en quête d'un meilleur emploi. »

- « Ils ne veulent pas faire leurs preuves. On dirait qu'ils veulent occuper des postes élevés dès leur arrivée dans l'organisation. J'ai commencé au bas de l'échelle, moi. »
- « Ils n'ont pas l'énergie qu'on avait à leur âge. Dès qu'ils atteignent leur but, plutôt que de se fixer des objectifs plus ambitieux, ils sont prêts à partir en vacances. »
- « Ils ne respectent pas la hiérarchie et ont peu d'égards pour ceux qui ont plus d'ancienneté qu'eux. »
- « Les employés plus âgés ne veulent pas changer et les jeunes ne veulent pas travailler. C'est fatigant à la fin ! »

Pas de doute, dans bien des cas, les patrons que j'avais devant moi n'étaient pas sur la même longueur d'onde que leurs employés. J'ai pensé que si j'avais posé la même question à ces employés (« Que pensez-vous de votre boss ? »), ils auraient formulé une série de reproches à l'endroit de leurs patrons.

Le problème, c'est qu'on évalue souvent les autres en fonction de ce qu'on est. Or, la différence s'inscrit dans la normalité des choses. J'en suis venu à la conclusion qu'il est impossible pour un patron de bien s'entendre avec ses employés s'il n'arrive pas à comprendre ce qu'ils sont et qu'il ne leur permet pas d'être différents de lui, l'inverse étant également vrai. Ainsi, une compréhension mutuelle permet de bien travailler ensemble dans le respect des différences. C'est ici qu'intervient le thème de ce chapitre : comment êtes-vous devenu l'individu unique que vous êtes aujourd'hui ?

La théorie des types psychologiques

La théorie des types psychologiques veut que nous naissions tous avec des préférences et que celles-ci auront un impact certain sur la manière dont notre personnalité se formera.

Certains naissent extravertis, d'autres, introvertis. D'aucuns perçoivent le monde par leurs sens alors que d'autres le devinent grâce à leur intuition. Plusieurs prennent leurs décisions en recourant à la pensée logique, tandis que bon nombre le font en tenant compte principalement de leurs valeurs et de leurs sentiments. Certains, finalement, tentent de contrôler ce qui leur arrive alors que plusieurs préfèrent s'adapter au monde à mesure que les événements se produisent.

Cette théorie, qui est à la base de l'indicateur de types Myers-Briggs, ou MBTI, permet de classer les gens selon 16 types psychologiques, qui sont souvent présentés dans un tableau comme celui-ci.

ISTJ	ISFJ	INFJ	INTJ
ISTP	ISFP	INFP	INTP
ESTP	ESFP	ENFP	ENTP
ESTJ	ESFJ	ENFJ	ENTJ

En théorie, il suffit de connaître le type psychologique d'une personne pour s'adapter à sa façon de communiquer, favorisant ainsi de meilleurs échanges et rendant possible une relation plus satisfaisante avec elle.

Mais vous vous doutez bien qu'on ne peut classer les êtres humains en 16 types seulement. Le type psychologique d'une personne indique ses prédispositions à la naissance. Mais d'autres facteurs viendront modifier sa personnalité au fil des ans et influeront sur la manière dont elle percevra le bien et le mal et sur les valeurs qu'elle adoptera.

En fait, c'est souvent l'environnement (la famille, les amis, les professeurs, la religion, les médias, le milieu et le lieu dans lesquels on grandit, etc.) qui détermine ce qu'on devient et la manière dont on perçoit le monde. Par exemple, le mot *démocratie* n'aura pas la même résonance pour vous selon que avez grandi dans un milieu où la liberté d'opinion était acquise ou que, jeune Irakien, vous avez vu votre famille mourir parce qu'un gouvernement étranger souhaitait imposer ce concept dans votre pays.

Une théorie basée en partie sur les travaux de Morris Massey veut que ce soit en cinq temps que vous édifiiez votre système de valeurs.

Comment naissent les valeurs chez l'individu

Qu'est-ce qui fait qu'un individu devient ce qu'il est ? Vous êtes-vous déjà demandé pourquoi vous aviez telle ou telle conception de la science ou telle ou telle opinion sur la politique ? Qu'est-ce qui fait que vous vous situez plus à gauche ou plus à droite dans le continuum pacifiste–belliciste ? La réponse à ces questions est complexe. Vos valeurs se sont développées en plusieurs étapes.

1. Les premières années dans le monde

Tout petit, vous vous contentiez d'imiter les autres. Jusqu'au primaire, en fait, vous avez adopté vos valeurs en vous modelant sur les actions des autres. À ce moment, vous ne vous interrogiez pas sur le bien-fondé des gestes des gens qui vous entouraient. Vous supposiez que ce que vous viviez était normal.

- ▶▶ S'il était habituel de crier pour se faire écouter dans votre famille, vous avez appris qu'il vous fallait crier quand vous aviez des besoins à exprimer.
- ▶▶ Si les enfants turbulents étaient punis à la garderie, vous en avez conclu qu'il était mal de s'amuser bruyamment et qu'il valait mieux se taire pour être apprécié.
- ▶▶ Si vos parents vous ignoraient quand vous étiez à la maison, vous en avez déduit que les parents ne s'occupent pas des enfants et que c'est aux gens de la garderie de le faire.
- ▶▶ Si vos parents sont toujours restés unis, vous avez supposé que tous les enfants ont deux parents à la maison.

Jusqu'à vos sept ans, donc, vous vous êtes contenté de présumer que le monde, au sens large, ressemblait à votre petit univers et vous avez appris ce qui était bien ou mal en observant et en reproduisant ce qui se faisait autour de vous. N'ayant aucun moyen d'établir des comparaisons, vous n'aviez pas d'autre choix.

2. Le temps des héros

De l'enfance à la puberté, vous avez cessé d'être un simple récepteur qui se contente d'emprunter ses valeurs à son environnement. Vous avez commencé à développer votre propre jugement et à choisir vos valeurs en fonction de ce qui vous faisait vibrer. Comment vous y êtes-vous pris pour y arriver ? Vous avez simplement adopté des héros.

Prenez un instant pour vous rappeler qui étaient vos héros à cette époque. Pourquoi les aviez-vous choisis ? Qu'est-ce qui vous faisait vibrer en eux ? Était-ce l'héroïsme ? le courage ? les capacités physiques ou la force psychologique ? le don de soi ?

Quel est le film qui vous a le plus marqué à cette époque ? Quelles valeurs véhiculait-il ? Votre vision de l'armée ne serait pas la même si, à cet âge, vous aviez été marqué par la première version de *La planète des singes* plutôt que par les films de la série Rambo, dont *First Blood*.

Quelle vedette de la chanson avez-vous le plus aimée à ce moment de votre vie ? Quel message ses textes véhiculaient-ils ? Ceux qui ont traversé cette époque avec Doris Day n'en auront pas retenu les mêmes valeurs que ceux ayant adopté Eminem ou Britney Spears.

QUELLE EST VOTRE ATTITUDE FACE À LA SCIENCE ?

Imaginez que, le 20 juillet 1969, vous ayez 10 ans et que vous soyez rivé à la télévision. Sur l'écran noir et blanc, Neil Armstrong quitte le module lunaire (le LEM) pour marcher sur le sol de notre satellite. Il lance alors sa phrase célèbre : « C'est un petit pas pour l'homme mais un grand pas pour l'humanité. » Quel serait l'impact d'un tel événement sur votre imaginaire ? Quelle serait votre attitude face aux mots *exploration spatiale* ?

Imaginez maintenant que, le 28 janvier 1986, vous ayez 10 ans et que vous soyez en classe devant un téléviseur (couleur, cette fois) et que, quelques secondes plus tard, une certaine Sharon Christa McAuliffe soit la première enseignante à visiter l'espace à bord de la navette *Challenger*. Vous seriez fébrile, comme vos camarades de classe. La navette s'envolerait et, 72 secondes plus tard, elle

> exploserait, tuant tous ses passagers. Quel impact cet événement aurait-il sur vous? Quelle serait votre attitude, dans de telles circonstances, face aux mots *exploration spatiale*?

Vous avez intégré la plus grande partie de vos valeurs à cette époque de votre vie. Selon les spécialistes, votre 10e année d'existence a même constitué une année charnière. Qui aduliez-vous à ce moment-là? Qui redoutiez-vous? Qui détestiez-vous? Les réponses à ces questions vous éclaireront sur les valeurs qui sont maintenant vôtres et sur les comportements que vous rejetez encore aujourd'hui.

Vos parents (ou les adultes importants qui ont assumé leur rôle en partie ou en totalité – des professeurs par exemple) peuvent avoir eu sur vous une influence considérable si vous les déifiez à cet âge. Si, pendant les repas, ils véhiculaient régulièrement une image négative des employés de l'État, vous avez fini par associer les mots *fonctionnaire* et *parasite*. S'ils en avaient contre l'entreprise privée, vous associez peut-être encore les mots *gens d'affaires* et *profiteurs*. La majorité des parents ignorent l'influence qu'ils peuvent avoir sur leurs enfants à cette période de leur développement.

Les producteurs de la télé ont également un ascendant considérable. Quelle était votre émission favorite lorsque vous fréquentiez l'école primaire? *Les sentinelles de l'air? Les Télétubbies?* Les émissions communiquent des valeurs. L'enfant qui a grandi avec *Papa a raison* n'affichera pas le même comportement devant ses parents que celui qui a grandi avec *Les Simpsons*. Celui qui a été bercé par *Fanfreluche* n'aura pas le même imaginaire que celui qui a passé ses fins d'après-midi avec *Passe-Partout*.

3. Les années grégaires

La puberté marque un autre moment-charnière dans l'existence. Dès lors, le désir de faire partie d'un groupe devient plus important. Pour mieux vous intégrer, au lieu de chercher vos valeurs chez vos héros, vous prenez l'habitude d'emprunter celles véhiculées par votre groupe. Vous voici à l'époque de l'individualisme collectif. Vous souhaitez prouver au monde que vous êtes unique et, pour ce faire, vous adoptez les valeurs de votre cercle d'amis. Pendant cette période de votre vie, l'influence de vos parents diminue, et vous vous surprenez à leur trouver des défauts que vous n'aviez pas remarqués jusque-là.

Qui fréquentiez-vous entre 13 et 18 ans ? Que valorisaient ces personnes ? Que détestaient-elles collectivement ? Faisiez-vous partie du groupe des sportifs, des "nerds", des "rejets" ? Votre groupe se réclamait-il de Marx, de Che, ou encore de Björk ou de Linus Torvald ?

Qu'est-ce qu'il était de bon ton d'avancer dans le groupe et qu'est-ce qui vous faisait au contraire perdre des points ? Quelle chanson jouait-on quand vous avez rencontré votre première flamme ? Et lorsque vous avez échangé votre premier baiser ?

À la fin de cette troisième étape, vous avez votre propre conception de ce qui est bien et mal. Vous avez une vision personnelle du monde et de votre place dans celui-ci. Vous savez ce que vous aimeriez changer. Que peut-il se passer maintenant ?

4. L'entrée sur la marché du travail

Votre arrivée sur le marché du travail peut fortement modifier votre vision du monde et de la place que vous y tenez. Si de nombreux emplois sont disponibles et qu'on vous sollicite de toutes parts, vous développez une image positive de vous-même. Si le marché du travail est fermé et que personne ne semble avoir besoin de vos services, le portrait mental que vous établissez de vous-même risque de se déprécier et vous pouvez également développer une certaine agressivité à l'égard de la génération précédente, soit celle qui s'accroche aux postes que vous aimeriez occuper. Nous y reviendrons dans le prochain chapitre.

5. Le questionnement existentiel

Arrive plus tard un moment où l'individu se remet en question, où il se demande s'il a fait les bons choix et s'il est temps de remettre ses valeurs en question. Ce peut être le soir de son 30e ou de son 40e anniversaire, lorsqu'il réalise qu'il a déjà vécu une bonne partie de sa vie.

Pour d'autres, le questionnement existentiel survient bien plus tôt. Une maladie soudaine à 20 ans, une faillite à 25 ou un troisième divorce à 32 sont autant d'événements qui provoquent une remise en question : ai-je fait les bons choix jusqu'ici ? Que ferais-je autrement si cela était tout à refaire ?

DE LA SÉCURITÉ À LA TÉMÉRITÉ

Pendant toute sa vie, Marlène avait cherché la sécurité. Elle était entrée au service de son employeur à ses 18 ans et n'avait même jamais pensé à remettre ce choix en question. Au fil des ans, elle était passée de vendeuse à directrice des ventes, puis à vice-présidente marketing. Son emploi ne la faisait pas vibrer, mais il lui permettait de s'offrir de petits plaisirs et d'entretenir une image positive de son avenir.

> Puis, peu de temps après son 32ᵉ anniversaire, Marlène perdait son emploi : le principal client de l'entreprise avait déclaré faillite, entraînant dans sa chute l'organisation pour laquelle travaillait Marlène. Du jour au lendemain, celle-ci a compris que le monde sur lequel elle avait échafaudé son existence n'était pas si immuable qu'elle l'avait pensé et que tout pouvait disparaître en un clin d'œil.
>
> Cette prise de conscience a produit un déclic en Marlène. « Si je ne peux me fier à rien, se dit-elle, je vais cesser de jouer *safe* et je vais vivre la vie dont je rêvais quand j'étais petite. » Dilapidant une bonne partie de ses économies – elle qui n'aurait jamais osé faire cela avant la faillite de son employeur –, Marlène s'est inscrite à l'École de l'humour dans le but de faire carrière dans ce secteur. Elle obtiendra son diplôme cette année.

La vie fait de vous une personne unique qui possède un bagage tout aussi unique de valeurs, d'aspirations et d'expériences passées. Il y a cependant gros à parier que, dans votre groupe d'âge, des personnes aient été influencées par les mêmes films ou les mêmes chansons que vous. Il est fort probable qu'elles ont reçu le même accueil que vous à leur arrivée sur le marché du travail et qu'elles ont assisté aux mêmes événements marquants que vous en grandissant.

La notion de cohorte

Ces personnes qui ont cheminé en même temps que vous et qui partagent une grande partie de vos valeurs vous ressemblent beaucoup. À un point tel, même, qu'il est possible de vous décrire globalement, vous et ces personnes. Si nous vous décrivons en tant que groupe, nous faisons référence à votre **cohorte générationnelle.** D'ici la fin de ce livre, nous vous présenterons quatre cohortes.

- *La cohorte des traditionalistes.* Ils sont nés avant la fin de la Seconde Guerre mondiale. Comme nous le verrons au chapitre suivant, ces gens peuvent eux-mêmes être divisés en deux groupes selon qu'ils ont ou n'ont pas vécu la grande dépression des années 30.

- *La cohorte des boomers.* Ils sont nés entre 1946 et 1964. Ils sont très nombreux et, le poids de leur nombre aidant, ils ont été en mesure de s'imposer dans la société pendant toute leur vie. Ils l'ont façonnée en fonction de leurs besoins propres et ils sont présentement au pouvoir.

- *La génération X.* Elle est composée des individus (qu'on appellera ici les « X ») nés entre 1965 et 1980. C'est la génération sceptique, arrivée sur le marché du travail alors que les bons emplois étaient déjà occupés. Ces membres sont les victimes des clauses de disparité (erronément dites « orphelins ») et ils en veulent un peu aux boomers d'avoir pu profiter de la libération sexuelle alors qu'eux se sont retrouvés confrontés au sida à leur arrivée sur le « marché de la chair ».

- *La cohorte des millénaires.* Ils sont nés après 1980. Ce sont les enfants de la génération X et ceux des boomers qui ont fondé des familles sur le tard. Leurs valeurs ne sont pas sans rappeler celles des traditionalistes. C'est la prochaine grande génération.

Toutes ces cohortes ont des valeurs en commun. Elles ont vécu ou ont été témoins d'événements marquants. Toutes ont tenté, tentent ou tenteront d'imposer leurs valeurs à la société en s'appropriant le pouvoir.

Les gens que vous rencontrez chaque jour peuvent être divisés non pas en 16 types psychologiques, mais bien en 64 si l'on tient également compte de leur cohorte d'appartenance.

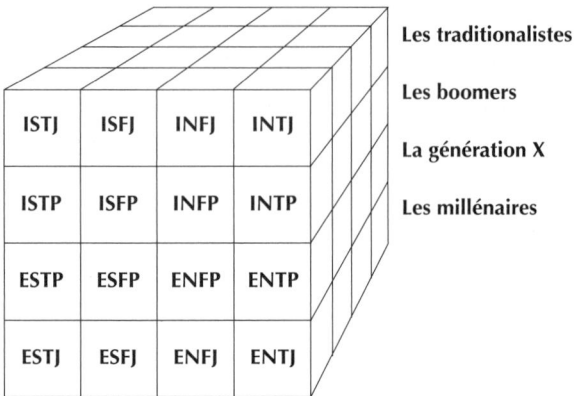

Toute tentative d'améliorer le travail au sein d'une équipe multigénérationnelle est vouée à l'échec si l'on ne tient pas compte, justement, de cette dimension.

Dans le prochain chapitre, je vais vous présenter la petite histoire des trois premières cohortes (les traditionalistes, les boomers et la génération X). Vous y découvrirez le contexte dans lequel elles ont grandi, les événements marquants de leur vie et quels effets tout cela aura eu sur leurs valeurs. Nous tenterons également de découvrir leurs préoccupations actuelles.

Quelques mises en garde

La démarche que je vous propose dans les prochains chapitres comporte certaines limites. Voici les principales mises en garde que je tiens à vous adresser.

- ⊙ *Les descriptions de chaque cohorte sont des généralisations.* Il y a des exceptions partout. Dans une classe de mathématiques affichant une moyenne de 77 %, les étudiants n'auront pas tous cette note. Si la grande majorité aura atteint des scores variant entre 67 et 87 %, certains n'auront obtenu qu'un 5 % tandis que d'autres afficheront un score parfait. Si je vous dis qu'une cohorte (dont je tairai pour l'instant le nom) est caractérisée par son égoïsme, cela ne veut pas dire qu'on n'y retrouve pas des individus généreux.

- *Les événements ne touchent pas tout le monde de la même manière.* Une personne née dans une région où la télévision est arrivée huit ans plus tard qu'à Montréal n'aura pas été influencée de la même manière par ce nouveau média qu'une autre qui l'aura connu dès son avènement. Une personne née dans une région présentant un taux de chômage élevé n'aura pas connu la même entrée sur le marché du travail que les membres de sa cohorte résidant dans des endroits où régnait le plein emploi.

- *Il existe des cohortes tampons.* Quand arrive le temps de cataloguer les gens, certaines personnes se retrouvent entre deux chaises. Les boomers nés entre 1960 et 1965, par exemple, n'ont pas vécu l'exaltation des années 60, et plusieurs ressemblent davantage à des X qu'à des boomers.

- *Votre génération n'est pas homogène.* De même que certains jeunes politiciens sont dans les faits de vieux politiciens parce qu'ils ont adopté les valeurs d'une cohorte précédente, les gens de votre génération ne sont pas nécessairement des millénaires. Vous êtes un amalgame des valeurs adoptées par chaque cohorte. Je vous proposerai, à la fin de votre lecture, un test en ligne qui vous permettra de vous situer dans un graphique reproduisant les quatre cohortes.

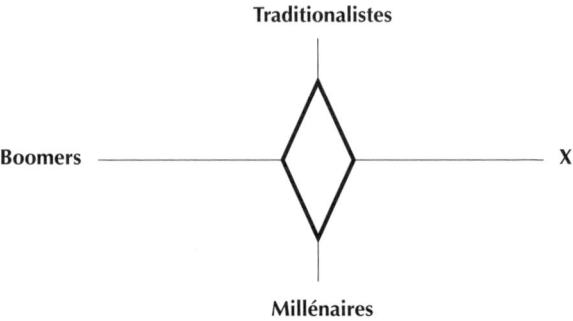

Nom : Pierre

Dans cet exemple, nous remarquons que Pierre présente vraiment un profil de millénaire. Il partage peu les valeurs des boomers ou celles de la génération X mais semble avoir adopté une bonne partie des valeurs des traditionalistes.

On devient ce qu'on vit. Malgré les prédispositions, malgré la génétique, vous êtes en grande partie le résultat de tout ce que vous avez vécu depuis votre naissance. C'est la raison pour laquelle vous vous sentez probablement mal à l'aise dans la société québécoise actuelle : elle a été bâtie selon un ensemble de valeurs qui ne sont pas les vôtres. La bonne nouvelle, c'est que vous pourrez bientôt la reconstruire afin qu'elle vous ressemble.

Chapitre 2

Portrait des 3 cohortes précédentes

Il fut un temps où, dans les entreprises, il existait une forte corrélation entre l'âge des employés et le rang hiérarchique que ceux-ci occupaient. Les plus jeunes étaient majoritairement en bas de l'échelle et les plus vieux se trouvaient au sommet de la pyramide. Cette façon d'attribuer les postes présentait un avantage certain : les gens travaillaient la plupart du temps avec des personnes de leur âge, qui partageaient leur bagage culturel et leurs valeurs. Les risques de conflit étaient alors assez faibles.

Les années ont passé. Les structures organisationnelles se sont aplaties ; dans les organisations où il y avait naguère 10 échelons, il n'y en a plus aujourd'hui que 4 ou 5. Les équipes sont devenues multigénérationnelles. Aujourd'hui, une même équipe de travail peut regrouper des gens de tout âge. Il n'est pas rare qu'un gestionnaire doive encadrer des employés plus vieux que lui. Cela n'est pas sans mettre en relief les différences générationnelles. Si vous ne comprenez pas ou n'acceptez pas les valeurs des gens avec qui vous travaillez, vous risquez de vous en faire des ennemis. Nous allons donc, au fil de ce chapitre, vous présenter les trois cohortes générationnelles avec qui vous allez entrer régulièrement en contact.

Les traditionalistes

Les plus jeunes des traditionalistes ont aujourd'hui 60 ans. Les plus vieux ont connu la grande dépression, une période de crise économique qui s'est étendue de 1929 à 1939. Mais qu'ils l'aient vécue ou non, tous les traditionalistes en ont entendu parler et en ont tiré des leçons dont ils ont su tirer profit toute leur vie. D'autant plus que les tickets de rationnement de la Seconde Guerre mondiale leur ont rappelé cette crise et la possibilité qu'elle se reproduise un jour.

LA GRANDE DÉPRESSION

Le 24 octobre 1929, la crainte d'assister à une chute des valeurs boursières a poussé des millions de gens à retirer leurs économies de la Bourse. Ce «jeudi noir» allait être lourd de conséquences. Les jours suivants, la panique s'est emparée des investisseurs, qui ont entrepris de liquider leurs avoirs à tout prix. Des milliers de personnes ont perdu d'énormes sommes d'argent et plusieurs se sont suicidées en se jetant du haut des édifices.

La grande dépression a duré 10 ans et a ébranlé le monde entier. Aux États-Unis, le taux de chômage s'est hissé à 25 %. Ceux qui avaient gardé leur emploi n'étaient pas sortis du bois pour autant: en quelques années, le salaire des cols bleus a chuté de 60 % et celui des cols blancs, de 40 %. De nombreuses banques ont fait faillite. Des familles entières ont quitté les villes pour se loger chez

2 – Portrait des 3 cohortes précédentes

des parents à la campagne. Là, au moins, ils pouvaient espérer trouver de quoi manger. Le roman *Des souris et des hommes* traite en partie de cette époque.

Pour sortir son pays de la crise, Franklin Delano Roosevelt, le nouveau président américain, a proposé le *New Deal* : une politique interventionniste visant à remettre la population au travail. Dans la foulée de cette politique, on allait réformer la loi sur les banques, mettre sur pied la sécurité sociale, fonder la U.S. Securities and Exchange Commission (SEC) et emprunter pour créer des infrastructures dans le seul but de réduire le chômage.

En Allemagne, cette crise allait rendre le terrain propice à Hitler pour son accession au pouvoir.

Ceux qui ont vécu à cette époque ont acquis des valeurs qui ont façonné le reste de leur existence : le besoin de sécurité, la peur du risque et la tendance à tout économiser, à ne rien jeter. Imaginez de quel œil ils ont pu contempler, des décennies plus tard, l'essor de la société de consommation et l'arrivée des produits jetables après usage !

Puis a eu lieu l'attaque de Pearl Harbor, un assaut des Japonais qui allait entraîner les États-Unis dans la Seconde Guerre mondiale. Pour les Américains de cette époque, Pearl Harbor a été un événement aussi marquant que l'attaque du 11 septembre 2001 contre les tours du World Trade Center à New York. Des millions d'Américains se sont retrouvés en Europe ou en Asie. Il fallait libérer le monde des forces du mal. Les hommes étant partis au combat, les femmes ont fait leur entrée dans le monde du travail afin de fabriquer des armes.

À la fin de la guerre, les vétérans sont retournés chez eux. Pour favoriser leur réinsertion dans la société civile, le président Roosevelt a signé, le 22 juin 1944, le célèbre *GI Bill*, une loi qui leur permettait d'acheter des maisons ou des entreprises et qui leur offrait l'accès gratuit à l'éducation (cette loi prévoyait que, pour eux, les livres, les frais de scolarité et même le logement seraient payés par le gouvernement). Les vétérans pouvaient maintenant s'installer et faire des enfants. Le baby-boom approchait.

LEVITT TOWN

L'occasion était trop belle pour William Levitt. Cet entrepreneur s'est alors mis à créer la première banlieue dans le but de permettre à tous ceux qui le souhaitaient de devenir propriétaires. Recourant au travail à la chaîne, il a construit le premier ensemble résidentiel: 17 000 maisons presque identiques, qui se vendaient alors 7 990 $US, terrain compris. La banlieue était née, et les autoroutes allaient bientôt suivre.

Plusieurs ont appelé la cohorte des traditionalistes la « Grande Génération ». Ceux-ci sont venus à bout d'une dépression économique majeure et d'une terrible guerre. Ils ont créé l'infrastructure routière telle qu'on la connaît aujourd'hui. Ils sont à l'origine de grandes institutions telles que l'ONU et le FMI. Ce sont eux qui, au Québec, nous ont donné les derniers grands ponts, le métro de Montréal et le pont-tunnel Louis-Hippolyte-Lafontaine. Parions qu'ils auraient décidé rapidement où il fallait installer le futur CHUM.

2 – Portrait des 3 cohortes précédentes

Tous les événements mentionnés plus haut ont peu à peu transformé les traditionalistes et ont favorisé chez eux l'émergence des traits suivants :

- *Les traditionalistes apprécient un système hiérarchique clairement défini.* Ils ont appris pendant leur service militaire qu'une bonne structure de commandement était nécessaire pour connaître la victoire. Ils considèrent donc comme normal de faire ce que le patron leur demande.

- *Les traditionalistes font confiance aux institutions.* Leur gouvernement les a sortis de la dépression et les a aidés à faire l'expérience du rêve américain après la Seconde Guerre mondiale. Leurs syndicats leur ont fait faire des gains nécessaires quand leurs employeurs tentaient de profiter d'une situation économique désastreuse.

- *Les traditionalistes sont loyaux.* Ils sont de cette époque où l'on restait marié pour la vie, tant avec son partenaire de vie qu'avec son emploi. Un bon employé se joignait à une organisation et y demeurait jusqu'à la retraite. Un bon mari restait avec son épouse jusqu'à ce que la mort l'en sépare.

- *Les traditionalistes sont conformistes.* Au moment où ils ont pu commencer à s'acheter des biens, les traditionalistes se sont trouvés devant un nombre limité de modèles disponibles Dans les projets d'ensembles résidentiels, toutes les maisons se ressemblaient. Il n'existait qu'un seul modèle de lessiveuse, qu'un seul modèle de réfrigérateur, etc. L'armée leur a également appris à garder le pas, à ne pas sortir du nombre.

- *Les traditionalistes croient en la loi et en l'ordre.* Les crises qu'ils ont traversées dureraient peut-être encore s'ils n'avaient pas fait preuve de patience et de discipline.

Les héros des traditionalistes étaient Superman, Tarzan, le Lone Ranger et Joe Di Maggio. Ils ont adoré Marilyn Monroe et Bing Crosby. Ils ont écouté avec délice les grandes émissions de radio (la télévision n'arriverait que plus tard).

Les succès francophones ayant ponctué les années de formation des plus jeunes traditionalistes

1950	Félix Leclerc : *Le p'tit bonheur*
1951	Luis Mariano : *Mexico*
1952	John William : *Si toi aussi tu m'abandonnes*
1953	Georges Brassens : *Le gorille*
1954	Luis Mariano : *C'est magnifique*
1955	Gilbert Bécaud : *Les marchés de Provence*
1956	Dalida : *Bambino*
1957	Charles Aznavour : *Je m'voyais déjà*
1958	Édith Piaf : *La foule*
1959	Jacques Brel : *La valse à mille temps*
1960	Johnny Hallyday : *Souvenirs, souvenirs*

Au Québec, malgré les protestations de la population, la conscription est progressivement imposée dès 1940. L'industrie se convertit à la guerre et le rationnement s'ensuit. En ce sens, les Québécois connaissent les mêmes affres que les Américains. Cependant, ici, rares étaient les francophones qui pouvaient aspirer à un poste de direction : les « Anglais » contrôlaient l'économie.

Le gouvernement canadien adopte alors le keynésianisme en créant l'assurance-chômage en 1940. C'est le début de l'État providence.

LE KEYNÉSIANISME

Il s'agit d'un mode d'intervention gouvernementale basé sur les travaux de John Maynard Keynes, un économiste qui a laissé entendre que l'État, afin de soutenir l'économie, devait augmenter ses dépenses en temps de récession et, afin d'éviter l'inflation, les réduire en temps de croissance économique. Malheureusement, les élus n'ont retenu que la première affirmation et, l'électoralisme aidant, ils ont continué à dépenser sans rembourser les dettes quand l'économie prenait du mieux. La tentation de créer de nouveaux programmes était trop grande. Les gouvernements géraient la dette publique comme trop de gens gèrent leurs propres dettes : en se contentant d'effectuer le paiement mensuel minimal.

La cohorte de nos traditionalistes, comme nous le disions, a en grande partie suivi celle des autres Nord-Américains et a dû résoudre une importante question dès le milieu des années 40 : la guerre étant terminée, que pouvaient-ils maintenant faire de leurs soirées – la télé n'avait pas encore été inventée –, étant donné qu'ils n'aimaient pas puiser dans leurs économies ? La réponse n'a pas été difficile à trouver : ils allaient faire des enfants. Les traditionalistes avaient eu à composer avec la dépression et la Seconde Guerre mondiale ; ils allaient maintenant devoir relever un défi encore plus important : s'occuper d'enfants rebelles.

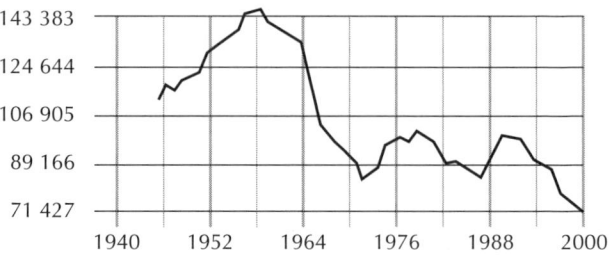

Source : Statistique Canada, CANSIM : population et démographie, tableau 053-0001, Canada, provinces et territoires, série V149, Québec, 30-03-00.

Ce graphique présente le nombre de naissances par année au Québec de 1945 à 2000. Remarquez l'important accroissement qui a culminé aux environs de 1958. C'est cette période, de 1945 à 1964, qu'on a appelé le *baby-boom*. Notez également les creux qui ont suivi. Nous reviendrons à ce graphique plus loin.

Les boomers

Les boomers sont donc nés en grand nombre. Pour leurs parents traditionalistes, malgré le souci constant de la guerre froide, c'était le point culminant du rêve américain. À chacun sa maison, sa voiture, ses enfants.

On peut dire que les boomers, tout comme les traditionalistes, sont arrivés en deux vagues qu'a séparées le premier grand choc pétrolier : nous avons nommé les idéalistes et les cyniques. Nous allons, dans un premier temps, présenter chacun de ces groupes.

2 – Portrait des 3 cohortes précédentes

LE PREMIER GRAND CHOC PÉTROLIER

Du mois d'octobre 1973 au mois d'octobre 1974, le prix du baril de pétrole sera multiplié par quatre parce que les pays arabes qui produisent ce combustible décident, le 17 octobre, dans la tourmente de la guerre du Kippour, de ne plus en exporter aux nations qui appuient Israël aux dépens de l'Égypte. Le manque de pétrole se fait rapidement sentir. Les files d'attente s'allongent aux pompes. Nombre de stations-service ferment leurs portes dès que leurs réservoirs sont à sec. C'est la crise.

Le dollar américain chute et, alors qu'il n'était que de 5 % avant le choc pétrolier, le taux d'inflation passe rapidement à plus de 10 %. Il dépassera ce chiffre pendant plusieurs années. Cela va même entraîner, le 3 décembre 1975, l'adoption par le gouvernement fédéral canadien de la Loi sur les mesures de contrôle des prix et des salaires.

Il existe un truc simple pour distinguer les idéalistes (les premiers boomers) des cyniques (ceux de la deuxième vague) : demandez-leur où ils étaient le jour de l'assassinat de John F. Kennedy. Les idéalistes se le rappelleront clairement et se souviendront de l'émotion que l'événement a provoquée. Les cyniques, eux, étaient simplement trop jeunes pour avoir vraiment conscience de l'événement. Dix ans séparent cet assassinat du premier grand choc pétrolier.

Les idéalistes

Les plus âgés des boomers idéalistes ont environ 60 ans en 2005. Ils sont nés dans l'euphorie de l'après-guerre. Les bons avaient gagné. L'énergie ne coûtait pas cher. Les usines avaient majoritairement cessé de produire des armes et se concentraient sur la production de biens de consommation. L'avenir était rose. Tout allait bien.

Les entrepreneurs n'ont pas tardé à comprendre que ces petits boomers, de par leur nombre, constituaient une clientèle qu'il faudrait traiter aux petits oignons. À titre d'exemple, le docteur Spock lance en 1946 un livre qui se vendra à 50 millions d'exemplaires : il y recommande aux parents de s'adapter à leurs enfants plutôt que de leur imposer une discipline rigide. Nul ne sait à ce moment à quoi mènera cette permissivité parentale.

Les idéalistes sont arrivés dans un monde en pleine croissance économique et en un temps où il faisait bon être jeune. Leurs parents avaient vécu des temps difficiles et ils souhaitaient que leurs enfants connaissent le bonheur. Contrairement à leurs parents, les boomers grandirent en se regardant le nombril et leurs besoins personnels. Ils n'ont pas développé le sens du sacrifice qui avait aidé les traditionalistes à traverser des crises.

Sur le plan musical, les idéalistes américains ont vu naître le rock-and-roll. Ce sont encore eux qui, plus tard, en 1964, ont réservé un accueil hystérique aux Beatles. Ils ont également été les premiers à grandir avec la télévision. La diffusion de la première émission de Radio-Canada a eu lieu le 6 septembre 1952. La télévision a nourri les rêves de cette jeunesse et, plus tard, a provoqué leur désillusion à l'égard des institutions. Le fait de voir des policiers censés protéger la population s'en prendre à celle-ci quand elle a manifesté contre la ségrégation raciale a été à l'origine d'un slogan que les idéalistes ont adopté pour un bon bout de temps : « Ne faites jamais confiance à une personne de plus de 30 ans. » La protestation est devenue l'art de ces jeunes : ils ont décidé qu'ils allaient changer le monde !

ROSA PARKS

À Montgomery, le 1er décembre 1955, une femme noire du nom de Rosa Parks refuse de céder son siège d'autobus à un homme blanc. Elle est arrêtée et jugée. S'ensuit un boycott des autobus (mené notamment par Martin Luther King) qui dure pas moins de 381 jours. Le 13 novembre 1956, la Cour suprême juge inconstitutionnelle la ségrégation dans les transports en commun. Rosa Parks est considérée comme la mère de la lutte pour les droits civiques aux États-Unis.

J'invite ceux qui aimeraient en savoir davantage sur cette histoire à regarder le film de Julie Dash intitulé *The Rosa Parks Story*, tourné en 2002.

En 1960, la Food and Drug Administration américaine autorise la vente de la pilule anticonceptionnelle. Celle-ci ne sera offerte sur demande qu'en 1967. Le mouvement féministe s'organise. Les femmes luttent pour le droit à la contraception. Dissocier l'activité sexuelle de la procréation : voilà une autre belle occasion de changer le monde !

Pendant ce temps, le Québec élargit ses horizons. L'Exposition universelle de Montréal, tenue en 1967, sera l'occasion de découvrir que nous ne sommes pas seuls au monde. Plusieurs idéalistes québécois rêvent de se donner un nouveau pays. Octobre 1970 n'est pas très loin, mais déjà, de temps à autre, le FLQ fait exploser une boîte aux lettres ou un monument érigé en l'honneur des « conquérants ».

La Révolution tranquille bat son plein. L'État se met à enfler. On multiplie les ministères (le ministère de l'Éducation, par exemple, sera mis sur pied en 1964), ce qui crée des emplois pour les boomers arrivés en grand nombre sur le marché du travail. Les effectifs de la fonction publique québécoise doublent entre 1960 et 1970. Il devient de plus en plus normal de se tourner vers l'État dès qu'un problème se présente.

Renée Claude chante un texte de Stéphane Venne qui résume bien l'époque : « C'est le début d'un temps nouveau. La terre est à l'année zéro. La moitié des gens n'ont pas 30 ans. Les femmes font l'amour librement. Les hommes ne travaillent presque plus. Le bonheur est la seule vertu. » C'est donc la période de l'amour libre et, disons-le, un moment creux pour l'abstinence, tant en matière de sexe que de drogues. Les idéalistes profitent de la vie au maximum !

Les succès francophones ayant ponctué les années de formation des idéalistes

1961	Jacques Brel : *Les prénoms de Paris*
1962	Charles Aznavour : *Il faut savoir*
1963	Sheila : *L'école est finie*
1964	Johnny Hallyday : *Le pénitencier*
1965	Gilbert Bécaud : *Quand il est mort le poète*
1966	Jacques Dutronc : *Les cactus*
1967	Richard Anthony : *La terre promise*
1968	Serge Lama : *D'aventure en aventure*

2 – Portrait des 3 cohortes précédentes

Comment définir les idéalistes, ces premiers boomers? Les événements qu'ils ont vécus ont façonné leur façon de voir le monde et ont déterminé la place qu'ils y occupent. Voici quelques constats à leur propos.

- *Après leur jeunesse oisive, ils sont devenus compétitifs.* Arrivés en grand nombre sur le marché du travail, ils ont rapidement deviné qu'il leur faudrait travailler fort pour s'y tailler une place. Plusieurs sont alors devenus *workaholic*, négligeant leur famille, ce qui explique en partie les valeurs actuelles de leurs enfants, les membres de la génération X.

- *Ils aiment mieux dépenser qu'économiser.* Cela n'est pas étonnant si l'on considère qu'ils sont nés dans une société connaissant une forte croissance économique, caractérisée par le désir de consommer, et qu'en plus ils n'ont jamais été touchés par de graves crises financières. Sur le plan pécuniaire, ce sont bien plus des cigales que des fourmis, et ils travaillent davantage pour se payer des plaisirs immédiats que pour s'assurer de pouvoir parer aux mauvais jours. Remarquez qu'ils ne s'en font pas pour l'avenir, plusieurs d'entre eux comptant sur une rentrée d'argent qui leur permettra de remettre leurs cartes de crédit à zéro: c'est que leurs parents (des traditionalistes économes) finiront par mourir.

- *Ils sont convaincus que le monde leur doit tout.* Et ce n'est pas très étonnant: ils ont grandi dans des familles où ils étaient le centre d'attention. On leur a construit de nouvelles écoles quand ils ont eu l'âge d'étudier. On leur a inventé la sécurité d'emploi et, maintenant qu'ils vieillissent, le discours public porte surtout sur la santé. Ils sont persuadés que la principale mission de la société est de répondre à leurs besoins.

⊙ *Ils pensent prioritairement à eux et souhaitent voir leurs besoins comblés instantanément.* Si leur conjoint ne les satisfait plus, ils s'en débarrassent. Idem pour la religion.

LE TAUX DE DIVORCE

Dans tout le Canada, c'est au Québec que le taux de divorce est le plus élevé. Le graphique suivant, dressé par le Bureau de la statistique du Québec, présente le nombre de mariages et de divorces au Québec de 1971 à 1997. On remarque que le nombre de mariages chute, alors que le nombre de divorces, lui, grimpe avant de se stabiliser.

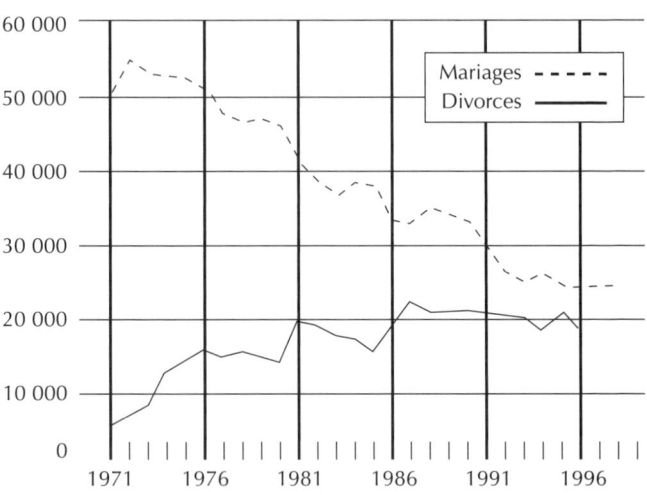

- *Les idéalistes travaillent bien en équipe.* Ils ont vécu l'âge d'or des communes et du retour à la terre. En fait, ce sont des adeptes du consensus et, si un membre de l'équipe ne partage pas l'opinion générale, il est tout de suite rabaissé au rang de ceux qui n'ont pas l'esprit d'équipe. Les membres de la génération X en savent quelque chose.
- *Au travail, ils ont fait des jeux de coulisses un art.* Parce qu'ils se rallient à l'opinion générale pendant les réunions, ils n'hésitent pas, quand ils ne sont pas d'accord, à faire jouer leur influence secrètement afin de saboter un projet qu'ils n'appuient pas.
- *Ils refusent de vieillir.* Mentalement, ce sont encore de jeunes adultes et, pour le prouver, ils sont prêts à dépenser ce que cela coûtera en crèmes, en entraînement physique ou en chirurgie esthétique.

Les idéalistes ont contribué à façonner le monde dans lequel vous vivez aujourd'hui. Mais ils ne constituent que la première vague des boomers.

L'INVENTION DE L'ADOLESCENCE

C'est pratiquement pendant que grandissait cette première cohorte de boomers que le concept de l'adolescence a été élaboré. Pendant la grande dépression ou la Seconde Guerre mondiale, les enfants traditionalistes passaient rapidement de l'enfance à l'âge adulte. Ils se mariaient plus tôt qu'aujourd'hui et, dès qu'ils étaient en mesure de le faire, ils devaient aider, par leur travail, à subvenir aux besoins de leur famille.

Mais la prospérité relative de cette époque a fait en sorte que les enfants n'avaient plus à aider leurs parents en contribuant aux finances de la famille. Il existait maintenant une période où l'on n'était plus un enfant mais où l'on n'avait pas encore accédé au statut d'adulte. Plus tard, quand le marché du travail s'est refermé, on a même prolongé la période entre le secondaire et l'université en créant les cégeps.

Les cyniques

Ces boomers-ci ont grandi dans un univers passablement différent de celui de leurs aînés. Parce qu'ils étaient plus jeunes, ils s'identifiaient davantage à la culture des années 70 qu'à celle des années 60. Alors que les signes de croissance économique sautaient aux yeux des premiers boomers, le premier choc pétrolier et l'inflation qui en a résulté a frappé pleinement les seconds au moment où ils devenaient des consommateurs et se préparaient à investir le marché du travail. L'avenir semblait soudainement plus sombre.

Le monde dans lequel ils grandissaient devait être idéal. Voici en fait ce qu'ils en ont perçu.

- *Ils ont réalisé que le progrès et la science avaient des limites.* Ils ont pu observer, grâce à la télévision, les ravages causés par la pollution et ont assisté aux mises en scène destinées à cacher ces limites.

- *Ils ont découvert que l'Occident ne pouvait pas gagner toutes les guerres.* Ils ont suivi en direct la fin de la guerre du Viêtnam et lu et relu les récits des atrocités qui y ont été commises. Ils ont même vu celles-ci grâce à des films comme *Apocalypse Now*.

2 – Portrait des 3 cohortes précédentes

◉ *Ils ont assisté à une brusque chute de la classe politique.* C'est par le truchement de la crise du Watergate qu'ils ont été initiés aux affaires publiques. Dès lors, ils ne pouvaient plus faire confiance aux politiciens.

De plus, selon les régions, les cyniques sont arrivés sur le marché du travail à un moment où les idéalistes monopolisaient les emplois. Ils ont été les premiers à souffrir des restructurations du début des années 80, et il leur a fallu plus de temps que leurs aînés pour se faire une place au soleil.

Pendant ce temps, les premiers boomers, afin de se protéger contre l'inflation, débrayaient et obtenaient régulièrement des augmentations de salaire qui alimentaient justement la spirale inflationniste. Les cyniques ont donc dû se résoudre à payer davantage pour les biens (maison, automobile, etc.) que leurs aînés avaient eus à des prix moindres. L'époque de la famille qui repose sur un seul pourvoyeur était révolue : les deux membres du couple devaient maintenant travailler pour parvenir à joindre les deux bouts.

Les succès francophones ayant ponctué les années de formation des cyniques

1969	Robert Charlebois : *Lindberg*
1970	Marc Hamilton : *Comme j'ai toujours envie d'aimer*
1971	Serge Lama : *Superman*
1972	Michel Fugain et le Big Bazar : *Fais comme l'oiseau*
1973	Michel Sardou : *Les vieux mariés*
1974	Beau Dommage : *La complainte du phoque en Alaska*
1975	Harmonium : *Dixie*
1976	Jim et Bertrand : *La belle des champs*
1977	Francis Cabrel : *Petite Marie*

En conséquence, même si les cyniques étaient également des boomers, leurs valeurs sont devenues passablement différentes de celles des idéalistes.

- *Les cyniques sont des solitaires.* Ils ont compris que s'ils veulent s'imposer, ils ne leur faut se fier qu'à eux-mêmes. Ils n'aiment pas déléguer parce cela leur semble l'équivalent d'une perte de contrôle. S'ils se retrouvent dans un poste d'autorité, ils font souvent de la microgestion.

LA MICROGESTION

Quand vient le temps de déléguer une tâche à un employé, deux types de patron se distinguent. Il y a celui qui se retire et qui attend de voir les résultats avant de les évaluer, et il y a celui qui est incapable de faire confiance à son employé et qui se mêle de toutes les étapes du travail. Ce deuxième type de patron gère le travail de l'employé dans les moindres détails, d'où le terme «microgestion». Autrement dit, il est constamment derrière son subalterne pour s'assurer de la qualité de ses réalisations et, ce faisant, il lui envoie le message qu'il ne lui fait pas entièrement confiance.

- *Ils sont cyniques, surtout à l'égard des gouvernements.* Ils ont trop vu de scandales pour ne pas croire que les politiciens veulent le pouvoir avant tout pour pouvoir se graisser la patte.

- *Les cyniques sont matérialistes et aiment posséder des choses.* Ils apprécient les augmentations de salaire et les récompenses financières.

⊙ *Ils sont endettés et souvent atteints du syndrome du voisin gonflable.* Pour assouvir ce besoin de possession, ils achètent souvent à crédit. Cela les effraie-t-il ? Oui. Et ils espèrent pouvoir finir leurs jours avant que leur bulle financière éclate.

Beaucoup de cyniques québécois ont subi un choc le 20 mai 1980, lors du premier référendum portant sur le projet souverainiste du Parti Québécois (remarquez que les idéalistes ont également eu de la difficulté à encaisser le coup). Les cyniques ont alors réalisé que les projets collectifs n'allaient pas toujours être couronnés de succès et, se muant dès lors en yuppies, ils se sont lancés dans des projets personnels.

Ces deux groupes de boomers occupent le pouvoir au Québec en 2005. Ce sont nos politiciens, nos dirigeants syndicaux, et ils gèrent les finances publiques de la même manière que les leurs : ils espèrent se rendre à la fin de leurs jours avant que le poids de la dette publique devienne insupportable. Après eux, le déluge !

La génération X

Quittons la cohorte générationnelle du moi et portons notre attention sur celle qui a suivi. Les X sont nés entre 1965 et 1980. Les plus jeunes ont donc aujourd'hui 25 ans et les plus vieux, 40 ans. C'est une génération qui a grandi à une époque où ce n'était plus à la mode d'être ou de faire un enfant. En fait, on supposait alors fréquemment que la femme qui « tombait enceinte » avait oublié de prendre ses pilules anticonceptionnelles.

Parce que leurs deux parents travaillaient, les X ont été les premiers à se retrouver avec la clé de la maison autour du cou et à se garder seuls devant la télévision en revenant de l'école. Grâce à la console Atari (mise en marché en 1977), les X ont découvert les jeux vidéo. Ils ont également appris à utiliser le four à micro-ondes et à se débrouiller seuls. De plus, parce que le taux de divorce a considérablement augmenté pendant leur enfance, ils ont souvent dû composer avec un parent qui était encore plus rarement à la maison. Mais ils s'y sont adaptés.

UNE CITATION ISSUE DE CETTE ÉPOQUE

«Nous sommes devenus une société qui néglige ses enfants, qui craint ses enfants, qui trouve que les enfants sont un boulet au lieu d'être une raison d'être.»

And Keep Your Powder Dry
Margaret Mead, anthropologue

Dans bien des cas, ce sont les amis des X qui sont devenus leur vraie famille. Les adultes qui formaient leur famille officielle ne faisaient souvent que passer pour leur donner de l'argent (un bon moyen de se déculpabiliser) ou pour chialer un peu.

Dès qu'ils ont été en âge de procréer, ils ont été bombardés de publicités traitant du sida ou de mises en garde contre cette maladie. Ils ont eu l'impression d'arriver au *party* tout juste après sa fin. Il y avait de quoi être en maudit.

Les X n'ont pas de héros. À deux reprises (au début des années 80 et puis au début des années 90), ils ont vu leurs parents se faire mettre à pied en raison d'un ralentissement économique. En conséquence, ils se sont promis qu'ils ne mettraient jamais leur avenir entre les mains d'un employeur.

2 – Portrait des 3 cohortes précédentes

De plus, en arrivant sur le marché du travail, les X ont compris trois choses qui ont profondément influé sur leurs valeurs.

1. *Les boomers étaient solidement installés et n'avaient pas du tout l'intention de leur faire de la place. Malgré leurs diplômes, ils devraient se contenter de « McJobs » pour de nombreuses années.* Pis encore, si les X arrivaient à se trouver une place dans une grande entreprise, on leur offrait des conditions de travail moins avantageuses que celles consenties à leurs aînés. Les clauses de disparité venaient d'apparaître ; elles avaient pour objectif de protéger les boomers en faisant porter par la génération suivante le poids des compressions budgétaires.

2. *Dans les organisations, la compétence était souvent moins bien récompensée que l'ancienneté.* Imaginez l'impact de cet état de choses sur la perception que les X pouvaient avoir de certains de leurs collègues plus âgés...

3. *Dans certaines organisations, le temps que chacun passait à son bureau lui valait une meilleure évaluation que la qualité du travail accompli.* Pour de nombreux patrons traditionalistes, en effet, un employé qu'ils voyaient toute la journée était de loin un meilleur travailleur que celui qui s'acquittait de ses tâches et disparaissait ensuite. Pour satisfaire ces patrons, il fallait travailler plus lentement ou trouver des manières créatives de paraître occupé.

Le manque d'intérêt des X pour la politique est également évident. Lors des élections fédérales de 2000, 73 % des 21-24 ans, soit les plus jeunes de cette génération, n'ont pas voté. Ils ont trop vu de scandales et de jeux de coulisses, et ont trop entendu les leaders politiques se disputer au lieu de travailler de façon constructive. Et pourquoi voteraient-ils? Ils se considèrent trop peu nombreux pour que leur vote puisse vraiment être un facteur de changement.

Leur situation semble bien morose. Mais ces circonstances ont quand même permis à ces individus de développer des traits qui les rendent uniques aujourd'hui. Premièrement, ils sont créatifs. C'est ce qui arrive inévitablement à celui qui doit, dès son jeune âge, apprendre à se débrouiller seul. Deuxièmement, ils tiennent aux leurs: leur partenaire, leurs enfants ou leurs amis. Ils ont vu trop de gens s'investir complètement dans un emploi et être licencié par la suite. Ils ne cherchent pas le succès et l'avancement à tout prix. Troisièmement, ils sont constamment à l'affût de nouveaux apprentissages. Ils ont compris que, sur le marché du travail, ils doivent s'assurer de rester «employables».

Les succès francophones ayant ponctué les années de formation des X

1978   Michèle Torr: *Emmène-moi danser ce soir*
1979   Renaud: *Ma gonzesse*
1980   Diane Tell: *Si j'étais un homme*
1981   Herbert Léonard: *Pour le plaisir*
1982   Céline Dion: *Tellement j'ai d'amour pour toi*
1983   Julien Clerc: *Cœur de rocker*
1984   Richard Gotainer: *Le Mambo du décalco*
1985   Jean-Jacques Goldman: *Je te donne*
1986   Mylène Farmer: *Libertine*
1987   France Gall: *Ella, elle l'a*

2 – Portrait des 3 cohortes précédentes

Ces événements, ces prises de conscience et le contexte social ont permis aux X de devenir ce qu'ils sont aujourd'hui et d'avoir les valeurs et caractéristiques suivantes :

- *L'indépendance.* Les X travaillent pour eux. Même à l'emploi d'une grande entreprise, ils savent qu'ils peuvent être mis à pied le lendemain matin et qu'il leur faudra alors se trouver un autre travail. En conséquence, ils ne sont guère liés à leur employeur sur le plan affectif et restent ouverts à toutes les propositions qui pourraient leur être présentées. Pourquoi rester loyal à un employeur qui ne nous rend pas la pareille ?

- *Le besoin de défis.* Ils s'ennuient dans un emploi monotone. Ils ont besoin de défis. Que faut-il réaliser ? Quand faut-il avoir terminé ? Comment seront-ils évalués ? Le travail doit être excitant. Sinon, à quoi bon ?

- *Le plaisir.* Les X trouvent constipés les gens qui ne savent pas s'amuser au travail. Le milieu de travail, pour eux, doit être un endroit où l'on se sent bien et non simplement un lieu où l'on sacrifie une partie de sa journée en échange d'un salaire.

- *Le changement.* Ils sont nés dans des familles instables en des temps incertains. À leurs 30 ans, ils auront souvent occupé plus d'emplois que les traditionalistes n'en ont eu pendant toute leur vie. Ils ne connaissent que le changement et ils y sont ouverts d'autant plus qu'ils se sentent floués par le système économique actuel.

- *L'ouverture d'esprit.* Dans une équipe, les X ne cherchent pas le consensus à tout prix. Les autres ont le droit de penser autrement qu'eux, pour autant que leur propre point de vue soit respecté.

- *L'aptitude au travail multitâche.* Les plus vieux des X ont assisté à la naissance de MTV et de Musique Plus, alors que les plus jeunes ont grandi avec ces chaînes. C'est la première génération à avoir carburé au clip. Ainsi, au lieu de s'adonner longtemps à une seule tâche, ils préfèrent en faire plusieurs en parallèle ou alternativement.
- Au Québec, les X ont été les premiers à s'ouvrir à la diversité culturelle. Les membres des autres communautés culturelles ne constituent pas des curiosités pour eux. Ils les ont côtoyés dès la petite école.

Pour terminer, disons que plusieurs pensent à tort que les X sont matérialistes parce qu'ils demandent combien ils seront payés avant d'entreprendre un travail et parce qu'ils n'hésitent pas à quitter un employeur si un concurrent leur offre un poste mieux rémunéré. S'ils donnent cette impression, c'est simplement qu'ils ont de la difficulté à joindre les deux bouts et qu'ils font ce qu'ils peuvent pour se faire une place au soleil en attendant que les postes mieux payés se libèrent enfin.

Vous venez de découvrir les trois principales cohortes générationnelles que vous côtoyez chaque jour. Faites une pause avant de continuer votre lecture. Prenez par exemple une feuille que vous diviserez en quatre cases. Titrez ces cases ainsi : *Traditionalistes*, *Idéalistes*, *Cyniques* et *Génération X*. Inscrivez ensuite le nom des personnes que vous connaissez dans les cases appropriées et amusez-vous à vérifier si les caractéristiques comportementales de chacun coïncident avec celles énumérées plus haut. Et n'oubliez pas, il y a des exceptions !

2 – Portrait des 3 cohortes précédentes

Aussi, faites un test : demandez à 10 cyniques s'ils se considèrent comme des boomers et notez les réponses. Demandez-leur pourquoi ils répondent ainsi. Quels sentiments entretiennent-ils à l'égard des idéalistes ?

Revenez à votre première feuille (celle que vous avez divisée en quatre cases) et répondez à ces questions : Avec lesquels de ces individus vous entendez-vous le mieux ? Avec lesquels communiquez-vous le plus facilement ? Pourquoi ?

Finalement, si la mention d'un fait historique (l'histoire de Rosa Parks, par exemple) a piqué votre curiosité, renseignez-vous davantage sur le sujet. Je n'ai pas à vous dire où vous tourner pour trouver de l'information : vous avez grandi avec Internet.

Chapitre 3

Tendances et discontinuité

Commençons ce chapitre par un test mathématique. Voici cinq suites. Vous devez deviner l'élément final de chacune d'elles. Ne continuez pas votre lecture avant d'avoir terminé le test.

I. 1, 2, 3, 4, ___

II. 2, 4, 8, 16, ___

III. 5, 8, 11, 14, ___

IV. 43, 39, 35, 31, ___

V. 1, 1, 2, 3, 5, 8, 13, ___

C'est fait? Alors poursuivons... Je vous donnerai les réponses à la fin de ce chapitre, mais avant, j'aimerais vous parler de tendances et de discontinuité.

Quand arrive le temps de se projeter dans l'avenir, les êtres humains ont tendance à supposer que ce qu'ils ont à ce jour perçu comme étant des tendances se poursuivra nécessairement dans le futur. Ils croient en la continuité.

▶▶ Le chef d'entreprise qui a obtenu un chiffre de ventes de 50 000 $ durant la première année d'exploitation de sa compagnie et qui a par la suite vu celui-ci grimper à 75 000 $ puis à 100 000 $ supposera, par exemple, que les ventes de l'année suivante se situeront à 125 000 $. Il a remarqué une tendance nette : les ventes grimpent annuellement de 25 000 $.

▶▶ L'employé à qui le patron remet une prime de 100 $ chaque Noël depuis sept ans s'attendra à ce qu'il lui verse la même gratification le Noël prochain.

▶▶ Le locataire qui a vu, au cours des cinq dernières années, son loyer mensuel passer de 600 $, à 612 $, puis à 624 $, à 636 $ et à 649 $ s'attendra à payer 662 $ l'année suivante parce qu'il a découvert une tendance : bon an, mal an, son loyer augmente d'à peu près 2 %.

De telles tendances peuvent également être relevées à l'échelle sociétale. Je vais maintenant vous en présenter une série. Je vais traiter tour à tour du déclin de la communauté, de la victimisation, du nivellement par le bas, de la course au bonheur instantané et de l'omniprésence de l'État.

Le déclin de la communauté

Si la race humaine a survécu jusqu'à nos jours, c'est parce qu'elle a rapidement compris que le fait de vivre en clan permettait de mieux faire face aux dangers présents dans l'environnement. Dès les débuts de l'humanité, il était acquis qu'il valait mieux chasser et vivre en groupe. Et c'est indéniable : il y a de nombreux avantages à faire partie de communautés solidaires.

3 – Tendances et discontinuité

- *La communauté permet de pallier les faiblesses des individus qui la composent.* Les talents ne sont pas distribués uniformément dans la population. Dans une communauté fonctionnelle, les membres répondent aux besoins des autres en utilisant leurs talents propres. Par exemple, si une communauté décide de se doter d'un centre communautaire, certains seront chargés de la bâtir, alors que d'autres en détermineront les coûts afin de trouver le financement nécessaire.

- *La communauté permet de faire face aux coups du sort.* Quand un des membres d'une communauté subit une épreuve, les autres peuvent l'épauler et le réconforter. Le membre éploré peut alors situer son malheur dans un contexte plus large et traverser plus rapidement la crise.

- *La communauté permet de se sentir bien.* Il est agréable de sentir qu'on est apprécié et accepté tel que l'on est.

- *La communauté permet de développer des talents.* La camaraderie et l'appréciation mutuelle permettent le jeu, ce qui favorise le développement de talents ou d'habiletés qu'inhiberait l'isolement.

- *La communauté facilite la conception et la réalisation de projets qui dépassent l'individu et qui permettent de satisfaire des besoins qu'elle-même aura su prévoir.* Ses membres s'investissent alors dans ces projets, même s'ils n'en bénéficieront peut-être pas personnellement.

Les traditionalistes ont grandi dans une société qui leur permettait de faire partie de nombreuses communautés. Tout jeunes, ils étaient présents lors des fêtes de famille, et on leur confiait des tâches qui leur permettaient de contribuer à la bonne marche du foyer. Le voisinage formait une autre communauté. L'appartenance religieuse en créait une autre encore. Il était normal que les traditionalistes fassent partie des scouts, des guides ou de la JOC, autant d'autres communautés.

LA JOC

La Jeunesse Ouvrière Chrétienne est un mouvement international qui réunit des jeunes de 15 à 30 ans, occupant ou non un emploi, issus de plus de 60 pays du monde! Avant la Révolution tranquille, c'était souvent les jocistes qui organisaient les activités pour les jeunes dans les municipalités du Québec. C'était avant la «municipalisation» des loisirs.

Les traditionalistes adultes faisaient partie des Chevaliers de Colomb ou du Cercle des fermières. Ils participaient à des projets communautaires locaux. Des corvées pouvaient même être organisées pour aider un jeune ménage à s'établir... Difficile à imaginer, n'est-ce pas? C'était avant l'avènement de l'individualisme.

Selon Martin Seligman, ancien président de l'association américaine de psychologie, la montée de l'individualisme a commencé en 1965, au moment où les premiers membres de la génération du moi, les boomers, entraient dans l'âge adulte. Selon Seligman, quatre facteurs expliquent ce phénomène.

1. L'essor de la production de masse personnalisée

Il fut un temps où il était impossible d'acheter un produit personnalisé. Les ouvrages de gestion rapportent que Henry Ford disait régulièrement à ses concepteurs de faire des voitures de la couleur qu'ils voulaient, en autant qu'elles soient noires. Le premier ensemble résidentiel construit par William Levitt ne comptait que des maisons identiques. Pendant des années, les vêtements ont été mis sur le marché sans qu'une marque puisse y être détectée.

Ce sont l'automatisation, l'augmentation des capacités de production et la montée de la concurrence qui ont permis de produire, à prix raisonnables, des gammes d'articles personnalisés. La publicité a alors été mise à profit : Sortez du nombre ! Vous méritez quelque chose de différent, quelque chose qui vous distinguera...

2. La prospérité générale

L'Amérique du Nord a, au cours des 50 dernières années, connu une grande croissance économique. Les maisons sont maintenant plus grandes. Les voitures sont offertes avec l'air climatisé. Le nombre de Québécois qui se paient des vacances à l'étranger a augmenté considérablement. Bien que de grandes disparités subsistent entre pauvres et riches, en règle générale, nous vivons mieux aujourd'hui qu'hier.

Cette prospérité a eu pour effet de distancer les boomers des autres membres de la communauté. Ils n'avaient plus besoin de ceux-ci. Ils pouvaient s'arranger tout seuls. Il devenait inutile de se préoccuper du sort des autres étant donné qu'il était peu probable qu'on ait besoin d'eux un jour. Pourquoi rendre service à quelqu'un qui n'aura pas l'occasion d'en faire autant ?

3. La dissociation de l'individu et des leaders politiques

Pendant la Seconde Guerre mondiale, ces derniers étaient considérés comme de grands personnages, mais leur statut a peu à peu périclité au cours des années qui ont suivi.

- *Ils n'étaient pas si invulnérables que ça.* John F. Kennedy, Martin Luther King, Robert Kennedy... S'ils avaient été aussi invulnérables qu'on le pensait, personne n'aurait pu les assassiner. C'étaient des gens normaux, tout simplement.
- *Ils avaient les doigts longs.* Le Watergate, l'Irangate et maintenant le scandale des commandites. Népotisme, favoritisme... Il devenait évident, pour quiconque lisait les journaux – et l'histoire se répète ! –, que les politiciens avaient également sombré dans le matérialisme et l'individualisme. Ils ne se faisaient pas élire en pensant au bien commun : ils souhaitaient simplement se graisser la patte et celle des amis du régime.
- *Ils semblaient déconnectés du peuple.* Ils favorisaient la répression alors que le peuple désirait mettre fin à la ségrégation. Ils persistaient à envoyer des soldats au Viêtnam alors que le peuple souhaitait la fin de ce conflit. Ils décidaient de contrôler les prix et les salaires alors que les gens voulaient continuer à s'enrichir.
- *Ils semblaient hypocrites.* Ils annonçaient de nouveaux programmes sociaux pour les familles sans mentionner que les sommes dorénavant versées à celles-ci seraient soustraites de leurs déductions fiscales. Ils promettaient des crédits d'impôt sans préciser qu'il faudrait présenter, avec sa déclaration de revenus pour en bénéficier des annexes compliquées et qu'au bout du compte ces crédits ne rapporteraient à peu près rien.
- *Pour les boomers, les politiciens n'ont pas de vision d'avenir.* Il semble qu'ils gèrent de plus en plus à la petite semaine, sans savoir où ils vont.

Personne ne tient à soutenir des gens fragiles, indignes de sa confiance, hypocrites, sans vision et déconnectés de ses préoccupations, et nul ne voudrait s'y identifier. Les gens, particulièrement les boomers cyniques, se sont donc distancés des politiciens. Aujourd'hui, seulement 16 % de la population considèrent ceux-ci favorablement. Cela explique la diminution du taux de participation aux élections.

En théorie, l'État défend vos intérêts. Le gouvernement représente le peuple et c'est lui qui gère l'État. Quand vous écoutez un premier ministre, vous devriez avoir le sentiment qu'il parle en votre nom. Vous ne devriez pas le voir comme un adversaire.

Mais l'État ne nous représente plus. Il est devenu un ogre fiscal et un frein à la liberté. Aux yeux de nombre de contribuables, c'est un ennemi. Or, quand l'État s'aliène ses citoyens, cela constitue un autre catalyseur de l'individualisme.

4. La mort de l'Église et de la famille

Seligman présente ces deux phénomènes ensemble, mais je vais en traiter distinctement dans ces pages. Commençons par le premier.

L'Église a été omniprésente au Québec depuis les débuts de la colonisation. Pendant des décennies, c'est elle qui avait la charge des systèmes d'éducation et de santé. Le parvis de l'église servait de lieu de réunion, et la religion permettait d'afficher des valeurs communes. Depuis la décléricalisation de la société québécoise, cela n'est plus.

Remarquez que des études récentes montrent une corrélation entre le manque d'observance religieuse et l'abstention aux scrutins. La personne qui s'isole sur le plan spirituel le fait également sur le plan politique.

> ## LA DÉCLÉRICALISATION
>
> C'est l'affaiblissement progressif de l'influence de l'Église dans la société. Ce mouvement, amorcé dans les années 60, a mené à la déconfessionnalisation des institutions civiles. Il faut dire que l'Église l'avait cherché en se prononçant, en 1968, contre l'utilisation de la pilule anticonceptionnelle. Celle-là, les boomers ne la lui ont pas pardonnée. La position de l'Église n'a toujours pas changé à ce sujet, et celle-ci a même eu le temps, depuis 1968, de se prononcer contre l'utilisation du condom.

Et que dire de la famille, lieu de partage et instrument de soutien social? Plusieurs facteurs ont également contribué à son affaiblissement au cours des dernières décennies.

- *L'exode des jeunes.* Il est évident que le jeune natif de Rivière-du-Loup ne visitera pas très souvent ses parents s'il habite maintenant Montréal.
- *L'ouverture des magasins le dimanche.* Cette évolution a favorisé la substitution d'une journée de magasinage ou de travail à une journée de repos.

> ## L'OUVERTURE DES MAGASINS LE DIMANCHE
>
> Quoi? Les magasins n'ont-ils pas toujours été ouverts le dimanche? Eh bien non. Ce n'est que depuis décembre 1992 que le Québec autorise l'ouverture des magasins ce jour.

3 – Tendances et discontinuité

> Auparavant, le dimanche était consacré à des activités autres que la consommation ou le travail dans des commerces de détail. Les gens en profitaient pour se reposer, voisiner, se balader en couple ou s'adonner à des activités de plein air. C'était idéal pour favoriser la socialisation puisque presque tout le monde était en congé la même journée.
>
> Les plus vieux d'entre vous, les millénaires, aviez 12 ans à l'époque. Vous vous souvenez peut-être de ce temps-là.

- *L'arrivée des ménages à deux revenus.* Jadis, la grand-mère faisait souvent office de gardienne, mais depuis qu'elle travaille, elle n'est malheureusement plus disponible.

- *L'incertitude économique.* En raison de celle-ci, de plus en plus de personnes choisissent de demeurer célibataires au Québec. Qui sait de quoi demain sera fait? Aurai-je les moyens d'assumer mes responsabilités advenant une mise à pied?

- *La durée de vie moyenne des couples.* Le couple constitue la plus petite communauté possible mais, pour plusieurs, il suppose encore trop de responsabilités. Faire plaisir à l'autre, le ménager, «rebâtir» les ponts à la suite d'un désaccord... Ces activités demandent trop d'efforts. Mieux vaut choisir un partenaire jetable qu'on ne reverra plus une fois qu'il ne nous fera plus «triper».

෴෴෴

Ces quatre facteurs ont contribué à affaiblir le sens de la communauté au cours des dernières décennies. Si l'on se fie à la tendance actuelle, votre cohorte et vous serez encore plus individualistes, et aucune institution ne vous donnera le goût de vous engager.

Remarquez que, selon les spécialistes (voir notamment à ce sujet le texte intitulé «Boomer Blues», de Martin Seligman), l'individualisme a atteint un niveau tel qu'il est une des principales causes de dépression en Amérique du Nord. Il est plus difficile d'encaisser un échec si personne n'est là pour nous réconforter, pour nous aider à nous remettre en selle ou à dédramatiser la situation. Si nous allons plus loin dans cette voie, nous serons encore plus nombreux à consommer des antidépresseurs.

L'INDIVIDUALISME ATTISE LA MÉFIANCE

Le taux de criminalité est aussi plus faible dans les endroits où les gens font davantage confiance à leurs voisins. Des chercheurs ont posé la question suivante à des gens vivant un peu partout dans le monde: «Combien avez-vous d'amis à 15 minutes de marche ou moins de chez vous?» Plus ce nombre est petit, plus le taux de criminalité du voisinage est élevé.

À la question suivante, «Diriez-vous qu'on peut faire confiance à la majorité des gens ou qu'il vaut mieux être sur ses gardes quand on fait affaire avec des gens?», au milieu des années 60, 56% des Américains ont répondu qu'on pouvait faire confiance aux gens. En 2000, cette proportion avait chuté à 33%.

La victimisation

Une société saine est une société dans laquelle chacun est conscient de ses droits et de ses obligations. Il semble cependant que, ces dernières années, les gens aient davantage pris l'habitude de manifester pour protéger leurs droits que pour assumer leurs responsabilités.

3 – Tendances et discontinuité

> **LA CHARTE CANADIENNE DES DROITS ET LIBERTÉS**
>
> Elle est entrée en vigueur le 17 avril 1982 et a été édictée comme l'Annexe B de la Loi constitutionnelle de 1982. Elle s'applique au Québec même si aucun gouvernement québécois ne l'a ratifiée jusqu'ici. Cette charte énonce les droits fondamentaux des citoyens canadiens sans leur imposer une seule responsabilité en échange.

Il est bien facile d'oublier ses responsabilités quand on n'a que des droits. D'autant plus que de nombreux spécialistes, notamment des psychologues et des sociologues, dont l'influence va sans cesse croissant depuis des décennies, ne manquent pas de vous faire comprendre que vous n'êtes aucunement responsable de ce qui vous arrive.

▶▶ « Mon client n'est pas vraiment coupable, monsieur le juge. Le climat familial dans lequel il a grandi ne l'a pas préparé à entretenir des relations saines avec une femme. »

▶▶ « Ne vous sentez pas coupable. Ce sont vos parents qui ont provoqué ce comportement. Ce sont eux qui sont vraiment responsables de votre cleptomanie. »

▶▶ « Le fabricant n'a pas pensé à vos problèmes de vision. Il ne s'est pas donné la peine d'inscrire en lettres suffisamment grandes le fait qu'il ne fallait pas boire de ce diluant à peinture. Je crois que nous avons une bonne cause. »

Quand un problème survient, les gens ont de plus en plus tendance à chercher à qui revient la faute au lieu de se demander comment le régler. C'est la raison pour laquelle des obèses poursuivent des chaînes de restauration rapide et pour laquelle des fumeurs en font autant à l'égard des fabricants de cigarettes. Ils ne sont pas vraiment responsables d'avoir consommé cette malbouffe ou d'avoir fumé ces cigarettes : ce sont les fabricants qui les y ont forcés.

Le pire, c'est qu'il serait possible, en rationalisant suffisamment les gestes que vous posez, de trouver des responsables pour tout ce qui vous arrive. Si vous le souhaitez vraiment, vous pourrez, vous aussi, vous présenter comme une victime. Ce n'est pas parce que vous n'aviez pas étudié que vous avez raté cet examen ; c'est parce que le professeur a été particulièrement « cochon ». Ce n'est pas parce que vous la battiez que votre petite amie vous a quitté ; c'est parce qu'elle refusait de vous accepter tel que vous êtes. Ce n'est pas parce que aviez pris de l'alcool que vous avez eu cet accident ; c'est parce que la signalisation laissait à désirer...

Au Canada, la chasse aux coupables a atteint des proportions endémiques. Si un événement malheureux se produit, on institue une enquête afin de trouver un coupable. Par exemple, il est arrivé que des parents aient laissé leur enfant se promener en marchette dans la maison sans bloquer l'accès à l'escalier. L'enfant est tombé dans la cave. Une enquête a eu lieu et on a décidé que les marchettes étaient dangereuses. Depuis le 7 avril 2004, celles-ci sont interdites au Canada. N'aurait-il pas mieux valu dire aux parents que leur supervision demeurait nécessaire et qu'une marchette n'était pas une gardienne ? J'ai trois enfants qui ont utilisé des marchettes quand ils étaient petits et aucun d'eux ne s'est jamais blessé.

Mais on a décidé que les parents ne devaient pas être tenus responsables de ce qu'ils font ou ne font pas et que l'État devait légiférer plutôt que de laisser la société se fier à son jugement... « Ce n'est pas votre faute, c'est la faute des fabricants de marchettes. Vous ne pouviez pas savoir qu'elles étaient munies de roues... »

Ce problème de déresponsabilisation s'aggrave et fait émerger un nouveau problème : plus les gens se croient victimes, plus ils sont moroses et plus ils se sentent impuissants.

En effet, pour bien vivre, l'être humain a besoin de sentir qu'il exerce un certain contrôle sur son existence. Si tel n'est pas le cas, il sombre inévitablement dans la dépression, dans un état où il lui semble qu'il ne décide de rien de ce qui lui arrive, que rien ne va s'améliorer et qu'il en sera ainsi dans tous les aspects de sa vie. En victimisant les individus, on alimente ce problème. Il n'est donc pas étonnant que la consommation d'antidépresseurs connaisse une telle hausse au Québec.

Ce n'est pas en vous présentant comme une victime que vous pourrez améliorer votre sort. Au mieux, vous trouverez des excuses pour ne pas vous lancer dans l'action, pour vous contenter de demeurer dans votre état actuel.

Le nivellement par le bas

En France, un opéra rock de Boublil et Schonberg intitulé *La Révolution française* évoquait cette période historique. Dans l'une des chansons, *La terreur est en nous*, un couplet résume en quelques mots la tendance que je veux maintenant décrire.

Et foi de sans-culotte
On va raccourcir tous les géants
Faire les petits plus grands
Tous à la même hauteur
Au nom du principe d'égalité
Voilà le vrai bonheur

Les boomers, nous l'avons vu, sont très compétitifs. Ils souhaitent gagner, dépasser les autres, avoir le dessus sur eux... Dans leur for intérieur, ils craignent que leur voisin gagne un peu plus d'argent qu'eux ou que l'enfant de celui-ci ait de meilleures notes à l'école que leur propre petit.

Pour éviter que cela se produise, ils ont choisi de faire en sorte que tous soient égaux, même si cela suppose la généralisation des injustices.

- ▶▶ Plutôt que d'accepter qu'une personne puisse être traitée plus vite si elle paie ses soins médicaux de sa poche, ils préfèrent que tous soient placés sur des listes d'attente qui s'étirent toujours plus. Tous également mal soignés, voilà le vrai bonheur!

- ▶▶ Plutôt que de voir leur enfant se présenter à la maison avec un bulletin de notes moins bon que celui du petit voisin, ils préfèrent retirer les notes des bulletins et les remplacer par d'obscurs hiéroglyphes. À tous la même note, voilà le vrai bonheur!

- ▶▶ Ne voulant pas être évalués sur la base de leurs compétences, les professeurs refusent toute évaluation. De cette manière, tous restent officiellement égaux au chapitre de la performance professionnelle. Tous également compétents, voilà le vrai bonheur!

- ▶▶ Puisque, année après année, l'école publique de mon enfant se classe derrière plusieurs écoles privées au palmarès de *L'actualité*, il faudrait que le réseau scolaire privé disparaisse. Tant pis pour les enfants dont les parents se sacrifient pour leur offrir un enseignement de meilleure qualité! Tous éduqués dans un système unique, voilà le vrai bonheur!

▶▶ Par souci d'efficacité, le gouvernement aimerait confier certaines responsabilités au secteur privé, mais s'il le fait, certains entrepreneurs risquent de faire des profits. Or je ne prends pas de risque, moi, et je ne veux pas que quelqu'un qui en a pris s'enrichisse alors que je ne le fais pas. Sus au partenariat public-privé !

Il faut dire qu'au moment même où les boomers atteignaient l'âge adulte, le mouvement prônant l'amélioration de l'estime de soi prenait son envol. L'être humain devait dorénavant se réaliser dans tous les aspects de sa vie. Je ne suis pas contre ce principe, mais bien contre les moyens mis en oeuvre pour y arriver. Pour m'expliquer, j'aimerais revenir aux bases du concept de l'estime de soi.

À la base, l'estime de vous-même correspond à la réputation dont vous jouissez à vos propres yeux. Celle-ci englobe deux dimensions : la confiance en vous et votre sentiment de valeur personnelle. Les gens qui bénéficient d'une bonne estime de soi ont tendance à prendre des risques, à attendre plus de la vie et à mieux savourer ce qu'elle a de bon à leur offrir, et à se lancer dans l'action. Un individu a donc intérêt à faire grandir son estime de soi.

C'est William James, en 1890, qui a proposé la première équation permettant de comprendre comment naît l'estime de soi chez un être humain. Voici sa formule :

$$\text{ESTIME PERSONNELLE} = \text{SUCCÈS} / \text{AMBITIONS}$$

Expliquons un peu cette équation. Par ambitions, James entend les choses qu'une personne souhaite réaliser : réussir son année scolaire, convaincre tel client, faire plaisir à son amoureux, maîtriser le russe d'ici deux ans. Ces énoncés sont tous des exemples d'ambitions.

Par succès, on entend la réalisation d'une ambition. Ainsi, l'estime de soi se construirait à mesure que l'on atteint ses objectifs. Qu'est-ce que cela implique ? Tout simplement que pour faire grandir son estime personnelle, un être humain doit accomplir trois choses :

1. Choisir des projets personnels – donc se fixer des objectifs – en se donnant les moyens de les réaliser (ce sont ses ambitions).
2. Diviser ces projets en petites étapes qu'il entreprendra l'une après l'autre.
3. Faire montre de discipline et de persévérance afin d'atteindre ses objectifs et donc de connaître le succès.

Sur quoi repose cette façon de faire croître son estime de soi ? L'effort, le désir de dépassement, la quête de l'excellence et le renoncement à des plaisirs accessibles immédiatement dans le but de récolter plus tard les fruits de ses sacrifices.

C'est la voie qu'ont empruntée nombre de traditionalistes, mais, vous vous en doutez bien, ce n'était pas un truc pour les boomers. Les membres de cette génération ont donc choisi deux manières ingénieuses d'augmenter leur estime de soi sans avoir à y mettre trop d'effort. Dans les deux cas, cependant, ils ont triché.

Certains ont décidé de ne pas s'investir dans des projets personnels. Dans l'équation de James, le chiffre représentant leurs ambitions est donc nul. Le problème, c'est qu'il est impossible de diviser zéro par quoi que ce soit. Ceux qui ont choisi cette voie n'ont aucun objectif, et il est donc assuré qu'ils ne connaîtront jamais d'échecs. C'est de cette manière qu'ils protègent leur estime de soi. Ils se contentent d'une vie vide et ils ne rêvent souvent que d'une chose : gagner la loterie. Ce sont d'ailleurs de très bons clients de Loto-Québec.

3 – Tendances et discontinuité

La plupart ont plutôt choisi de réduire leurs ambitions à des niveaux tels qu'ils ne peuvent faire autrement que de connaître le succès. Par exemple, en interdisant le redoublement à l'école, il suffirait dorénavant à leurs enfants de se présenter en classe pour passer automatiquement. En misant sur un dollar à la baisse, il ne serait pas nécessaire que les entreprises deviennent plus productives. Comme on peut le constater, le nivellement par le bas permet de maintenir une bonne estime de soi tout en se contentant de la médiocrité. On obtient un résultat maximal au moyen d'un effort minimal.

Pour autant, bien entendu, qu'on ne doive pas se comparer à des gens ou à des organismes plus performants. Il faut donc éliminer l'école privée si l'on veut continuer à croire que notre système public est le meilleur. Idem pour la médecine privée. Et quel plaisir on a quand on voit une personne qui s'est lancée dans de grands projets se casser la gueule! Les gens qui tentent de se distinguer suscitent l'envie et font naître l'antagonisme.

Les politiciens n'ont pas hésité à profiter de cette tendance en proclamant que nous avons le meilleur système de santé au monde, que nous avons le meilleur système d'éducation au monde ou que nous vivons dans le meilleur pays du monde. Ces phrases lancées avec régularité, qui ne permettent pas d'établir de réelles comparaisons, ont pour effet d'empêcher les gens de remettre ces entités en question. Pourquoi réparer ce qui fonctionne bien? Après tout, nous sommes les meilleurs…

Mais il y a un prix à payer pour cette fausse estime de soi. Celle-ci constitue un frein à l'apprentissage parce qu'elle repose sur le déni des erreurs commises en chemin. Elle mène au découragement quand le voile est levé sur les artifices qui ont permis de se croire aussi bon. Elle encourage une nation à accepter le nivellement par le bas, alors que celle-ci pourrait aspirer à un bien meilleur sort.

La course au bonheur instantané

Quand ils sont combinés, le déclin de la communauté, la disparition de la responsabilité personnelle et le nivellement par le bas ont des effets dévastateurs sur l'individu ; il cesse de grandir ; son estime de soi est factice ; il s'isole et ne peut plus compter sur un réseau social pour le soutenir quand il subit un revers. Cet état ne tarde pas à créer chez lui un vide inconfortable.

Cette vacuité existentielle créée par la perte du soutien social et le manque d'estime de soi, qui n'est pas sans causer un malaise, doit être comblée. La personne doit rapidement se prouver qu'elle a de la valeur. C'est ce qui explique en grande partie la course à la consommation dont nous sommes témoins depuis de nombreuses années.

Chez de nombreuses gens, en effet, le besoin de se sentir bien a été remplacé par celui de posséder : « Je vais me prouver que je mérite mieux en m'offrant ceci ou cela. » C'est ce dont nous parle Jean-Jacques Goldman dans sa chanson intitulée *Les choses* :

Je prie les choses et les choses m'ont pris
Elles me posent, elles me donnent un prix
Je prie les choses, elles comblent ma vie
C'est plus 'je pense' mais 'j'ai' donc je suis.

De toute son histoire, l'homme n'a jamais autant consommé et autant possédé. C'est pourquoi je propose qu'on cesse de parler de l'équilibre travail-famille pour commencer à parler de l'équilibre travail-consommation-famille. C'est souvent la consommation qui force

3 – Tendances et discontinuité

les gens à travailler davantage, mais il est moins gênant de justifier son absence du foyer familial par le surcroît de travail que par le fait qu'on a acheté des biens dont on n'avait pas besoin...

Tenter d'assurer son bonheur en achetant des biens matériels présente un gros inconvénient : l'augmentation du bien-être fourni par la consommation est temporaire. Les gens s'habituent à ce qu'ils possèdent. Il faut donc, pour maintenir le *buzz*, faire suivre tel achat d'un autre achat puis d'un autre encore, et ainsi de suite.

Les miracles du crédit aidant, il est possible d'agir ainsi pendant quelque temps. Mais rapidement, les marges de crédit ne suffisent plus, rendant impossible la poursuite de cette *quête* par la consommation. L'humeur s'assombrit et la dépression reprend le dessus. On finit par se demander à quoi peut bien servir de vivre si l'on ne fait que régler des dettes contractées pour des objets qui ne nous apportent plus aucun plaisir.

Les politiciens en profitent. Pourquoi préparer et gérer un budget équilibré si l'électorat n'y attache aucune valeur ? Pourquoi rembourser la dette du pays si les électeurs ne règlent pas les leurs ? Il vaut mieux, pour se faire réélire, profiter de chaque surplus pour offrir aux citoyens de petits cadeaux qui les satisferont à court terme.

Si la tendance se maintient, en tant que cohorte générationnelle, vous continuerez de dépenser plus que vous ne gagnez et d'être endettés pendant toute votre existence.

L'omniprésence de l'État

Certaines situations doivent être améliorées même si les citoyens, pris individuellement, ne souhaitent plus assumer de responsabilités tout voulant garder la tête haute. Le sort des miséreux, par exemple : il faudrait bien que quelqu'un s'occupe d'eux si l'on veut continuer à se sentir bien quand on en rencontre un. Le sort des traditionalistes en perte d'autonomie : il faudrait bien que quelqu'un prenne soin de nos parents séniles. Le sort des artistes qui n'arrivent pas à vendre leurs œuvres : le gouvernement devrait les aider un peu. Dès qu'un problème survient, on s'attend à ce que le gouvernement s'en occupe.

C'est ainsi que l'État a accumulé les responsabilités au cours des dernières décennies et qu'il est maintenant engagé dans des activités qui, théoriquement, ne sont pas de son ressort. C'est aussi pourquoi les Québécois sont les citoyens les plus taxés en Amérique du Nord même si, année après année, la dette publique continue de croître.

Cette délégation des responsabilités individuelles à un État dont on se sent dissocié a également pour effet d'accélérer la progression de l'individualisme. Par exemple, de tous les Canadiens, les Québécois sont ceux qui contribuent le moins à des organismes de charité. Ce n'est pas très étonnant : l'État leur prend une telle proportion de leur revenu qu'ils considèrent qu'ils ont déjà donné.

Si la tendance se maintient, l'État continuera d'accroître son emprise sur la vie des citoyens au cours des prochaines décennies.

3 – Tendances et discontinuité

La correction du test

Nous voici rendus à la correction du test que vous avez fait au début de ce chapitre. Si la tendance discernable dans chaque suite se maintient, vos réponses devraient être, dans l'ordre, 5, 32, 17, 27 et 21. Ceux qui ont lu le roman *Da Vinci Code* auront reconnu la suite de Fibonacci dans la dernière série.

Mais ces réponses ne sont pas nécessairement les bonnes. Une tendance peut disparaître à tout moment. En fait, je vous aurais donné également une note parfaite si vous aviez répondu 3, 34, 44, 66, 77 ou 1, 1, 1, 1, 1. Il est toujours possible de mettre fin à une tendance.

- ▶▶ Les vendeurs de fouets prévoyaient une hausse constante de leurs ventes avant que l'automobile ne remplace le cheval. La tendance s'est soudain renversée.

- ▶▶ On prévoyait une croissance continue de la valeur des actions de Nortel avant la correction boursière du début des années 2000. L'éclatement de la bulle spéculative a démontré l'inexactitude de cette projection.

- ▶▶ En 1636, en Hollande, plusieurs prévoyaient que le prix des bulbes de tulipe allait fracasser des records. Pendant cette année-là, des bulbes se sont vendus plus cher qu'une toile de Rembrandt. Les pertes financières ont été gigantesques. La chute du marché et le bon sens ont eu raison de la tendance haussière quand les gens ont réalisé qu'un bulbe n'était qu'un bulbe. Le marché s'est alors effondré.

> ### LA *TULIPOMANIE*
>
> Incroyable, n'est-ce pas? Des fortunes ont été perdues par ceux qui spéculaient sur la valeur des tulipes. Plusieurs ont investi tout leur patrimoine dans de simples bulbes. Pour en savoir davantage sur cette histoire passionnante, lisez *Brève histoire de l'euphorie financière*, de John Kenneth Galbraith.

Les tendances dont vous avez pris connaissance dans ce chapitre peuvent subir le même sort. Vous pourrez préférer la discontinuité à la continuité quand vous accéderez au pouvoir.

Ce n'est pas parce qu'une cohorte générationnelle précédente a emprunté tel chemin que vous devez prendre la même direction. Souhaitez-vous vraiment continuer sur la voie de l'individualisme, de la victimisation, du nivellement par le bas, de la course au bonheur instantané ou de l'omniprésence de l'État? Vous avez le choix. Vous pouvez tout remettre en question.

Chapitre 4

Et puis vous êtes arrivés

C'est votre cohorte générationnelle qui suit celle des X. De nombreuses étiquettes vous ont été apposées. Si j'ai retenu le mot *millénaire*, c'est que les plus vieux d'entre vous sont allés à leur bal de finissants du secondaire vers l'an 2000. Nous allons profiter de ce chapitre pour vous décrire et tenter de mieux comprendre ce qui vous distingue.

PARLONS TECHNOLOGIE

Supposons qu'on demande à un membre de chaque cohorte générationnelle mentionnée dans cet ouvrage de remonter dans le temps et de penser à une pièce de musique qu'il aimait quand il avait 25 ans. Il est possible que ce soit d'abord le support de cette musique qui lui viendrait à l'esprit.

- Le traditionaliste penserait à un 78 tours.
- Le boomer idéaliste penserait à un 33 tours.
- Le boomer cynique penserait à un 45 ou à un 33 tours, mais peut-être aussi à une cassette 8 pistes.

▶ Le X, lui, penserait à un disque compact.

Si on vous demandait aujourd'hui de penser à une pièce de musique, vous penseriez probablement à un téléchargement fait sur Internet.

Il n'est pas étonnant qu'on ait quelquefois l'impression de ne pas habiter sur la même planète que ses semblables.

Nous allons également en profiter pour vous présenter comment les autres cohortes générationnelles vous perçoivent. Préparez-vous à quelques surprises.

Une génération choyée

Au début des années 80, il redevient à la mode d'avoir des enfants. On voit apparaître des losanges dans les fenêtres des voitures indiquant qu'il y a un bébé à bord. En 1983, les poupées Bout d'chou feront rage. Les studios de cinéma ont sur leurs tables de travail des films tels que *Maman, j'ai raté l'avion*. La première console Nintendo (1989) apparaîtra bientôt.

LES POUPÉES BOUT D'CHOU

Elles ont déclenché une véritable frénésie. Censées être uniques parce que chacune avait sa coiffure, son teint et ses vêtements distinctifs, elles étaient vendues avec un certificat d'adoption qu'il fallait compléter et retourner au fabricant pour en devenir officiellement le parent adoptif.

> Six millions de poupées furent ainsi *adoptées* pendant les neuf premiers mois de mise en marché. Elles sont devenues tellement rares que des gens ont payé jusqu'à 2 000 $ sur le marché noir pour en faire l'acquisition. Et n'allez pas penser qu'elles étaient toutes destinées à des enfants. Plusieurs adultes se les sont procurées pour eux; l'Amérique du Nord avait de nouveau envie de «catiner».

Qui sont ces personnes qui décident subitement de devenir parents? Il y a bien entendu des boomers cyniques, mais aussi des boomers idéalistes qui, souvent parce qu'ils étaient obnubilés par leur carrière, ont attendu à la dernière minute avant de procréer. Plus tard, ce sera au tour des X d'entrer dans le bal.

Du point du vue démographique, cela a pour conséquence de favoriser l'arrivée d'un cohorte très nombreuse. En fait, c'est à un second baby-boom que l'Amérique du Nord assiste alors.

Aux États-Unis, pour la première fois en 30 ans, le nombre de naissances annuelles passait au-dessus des 4 millions en 1987 pour atteindre 4,2 millions en 1990. Qu'est-ce qui attendait ces enfants?

- *Des parents plus âgés.* De plus, ceux-ci étaient bien souvent plus riches et mieux éduqués. Leurs enfants ont donc assurément été plus choyés que ne l'ont été les X.
- *De plus petites familles.* Une famille commencée sur le tard ne pourra pas être très nombreuse. Dans les classes d'école, il y avait donc plus de premiers-nés que l'on en comptait quelques décennies plus tôt. Or, ce sont les premiers-nés qui reçoivent le plus d'attention de la part des parents.

- *Un meilleur encadrement.* Alors que les jeunes X ont souvent été laissés à eux-mêmes, les millénaires sont protégés, voire surprotégés. Vous êtes la première génération à ne pas avoir été encouragée à aller jouer dehors, au parc ou dans la rue. Cet encadrement a même pu, dans certains cas, friser l'étouffement. Vous pratiquez des activités sportives et des activités parascolaires, et vous restez dans la maison au lieu d'arpenter les rues. Les poupons, quant à eux, sont confiés à des éducatrices (appliquant un programme éducatif complet) dès qu'ils ont six mois. De plus, il est maintenant normal que des parents amènent leurs enfants en vacances alors qu'ils y allaient seuls y a 30 ans.

- *Une famille plus stable.* Toujours aux États-Unis, le taux de divorce, après avoir connu son apogée entre 1979 et 1981, affiche un recul constant depuis. Il en va de même pour le taux d'avortement qui, lui, a atteint son apogée en 1979 et qui aujourd'hui est plus bas qu'il y a 30 ans.

La génération des millénaires a donc été désirée et choyée. Elle a grandi dans des foyers plus riches et a eu (comme elle a toujours) accès à toutes les nouvelles technologies. De quoi rendre les X jaloux...

En ce qui a trait à ce boom, le Québec est cependant distinct du reste du continent. Son taux de natalité n'a pas augmenté autant que celui du reste de l'Amérique du Nord. Les Québécois (les boomers encore en âge de procréer et les X) ont tellement peur de l'engagement, et l'avortement a été tellement banalisé que, dans la Belle Province, une grossesse sur trois se termine par un avortement. On y enregistre en fait 42,6 avortements pour 100 naissances, alors que ce taux est de 32,1 au Canada, de 25,9 aux États-Unis et de 17,7 en France.

> **POURQUOI PAS LE MÊME BOOM DE NAISSANCES AU QUÉBEC?**
>
> Il est évident qu'un seul facteur ne peut pas expliquer ce phénomène, mais il y a gros à parier que celui-ci soit tout simplement dû au fait que les Québécois n'ont pas les moyens de devenir chefs de famille.
>
> Nous avons un niveau de vie inférieur au reste de l'Amérique du Nord. En fait, à ce chapitre, sur 60 administrations (États, provinces, territoires) d'Amérique du Nord, nous figurons en 57e position. Notre revenu individuel est de 31 000 $, soit 18 % de moins qu'en Ontario et 25 % de moins que la médiane. Notre niveau de vie est en fait de 27 % inférieur à celui des Américains.

L'incidence sur la taxation

Nous sommes plus pauvres et nous nous délivrons plus de services que les autres Nord-Américains. Quel impact cela a-t-il sur notre taux d'imposition? Pour répondre à cette question, voyons quelle part de ses revenus un contribuable doit verser aux gouvernements selon l'endroit où il habite.

Si l'on supposait que la moyenne des Canadiens payait 100 $ d'impôts, les Albertains en fourniraient 79,10 $, les Ontariens, 94,50 $ et les Québécois, 131,80 $.

Nous avons plus de pauvres et moins de riches. En fait, dès qu'ils le peuvent, un nombre grandissant de riches quittent la province pour des territoires où ils seront moins imposés.

Curieusement, nous sommes également la province canadienne ayant le plus haut taux de syndicalisation, et nous avons le gouvernement qui se vante le plus de son souci de redistribuer la richesse. Encore faudrait-il que nous soyons en mesure de la créer ! Nous traînons également de la patte sur le plan de la productivité. Se pourrait-il que ceux qui ont précédé votre cohorte aient collectivement fait les mauvais choix ?

PARLONS DE PRODUCTIVITÉ

La productivité, c'est le produit intérieur brut (PIB) par heure travaillée. Si elle est en hausse, alors le niveau de vie d'une population l'est également. Une nation est plus riche si elle produit davantage de biens ou de services par heure travaillée.

Or, selon les aveux même du gouvernement du Québec, la productivité est plus faible au Québec que chez nos voisins ontariens et américains, et les écarts ont continué à se creuser depuis 20 ans. En 2002, par exemple, le niveau de vie au Québec aurait été plus élevé de 2 685 $ si la productivité y avait crû au même rythme qu'en Ontario.

Source : Ministère des Finances du Québec, *Productivité du travail au Québec : une faible croissance qui nuit à la prospérité des Québécois*, 27 février 2004.

Devriez-vous pour autant songer à quitter le Québec pour vous assurer un meilleur avenir ? Si l'on considère la dette qui vous sera bientôt léguée, cela pourrait être une bonne idée. Je crois cependant que vous devriez auparavant tenter de changer ce qui se passe ici.

Donc, vous n'êtes pas aussi nombreux que les millénaires américains, ce qui réduit votre poids politique. Cependant, vous partagez avec les autres millénaires de nombreuses caractéristiques qui vous rendront indispensables dans les années à venir.

- *Vous maîtrisez bien les nouvelles technologies.* En fait, elles sont pratiquement nées en même temps que vous et vous avez grandi avec elles. Pour vous, Internet n'est pas une nouvelle technologie ; c'est un outil de communication aussi naturel que le téléphone.

- *Vous êtes tolérants.* Vous avez grandi en apprenant à apprécier les différences chez les autres. Vous avez des amis d'origines ethniques diverses. Le fait de côtoyer des homosexuels ne vous fait pas peur. Ayant grandi dans l'univers anglophone d'Internet, les Anglais ne constituent pas pour vous la même menace que pour vos aînés. Vous acceptez les gens tels qu'ils sont. Les différences ne vous perturbent pas.

- *Vous avez foi en l'avenir.* Vous savez que le monde n'est pas entièrement rose, mais vous croyez que, collectivement, vous serez en mesure de changer les choses.

- *Vous appréciez le changement.* Vous avez grandi en attendant la prochaine version de Windows ou de *Half Life*. Vous n'êtes pas figés dans le statu quo. Vous êtes ouverts au changement parce que vous y associez la notion d'amélioration.

- *Vous êtes des joueurs d'équipe.* C'est ce que vous avez appris à l'école. Cela ne veut pas dire que vous cherchez le consensus à tout prix ; mais si votre équipe se voit confier une tâche, par exemple rédiger un travail, vous vous la partagez et vous y travaillez individuellement avant de tisser collectivement les liens qui rendront le texte lisible.

- *Vous vous préoccupez de l'environnement.* Vous avez grandi dans un univers où l'on parlait de recyclage et du protocole de Kyoto. Vous avez fait, au primaire, de petites recherches sur le réchauffement de la planète. Vous vous sentez responsables de l'environnement mondial.

- *Il y a peut-être parmi vous des enfants du Ritalin.* Le système scolaire a subi des coupures budgétaires pendant que vous grandissiez, et il est devenu fréquent de voir les professeurs suggérer aux parents de faire prescrire à leurs enfants du Ritalin afin de les rendre plus dociles. De 1990 à 1997, la consommation de ce médicament (un stimulant du système nerveux central) a quintuplé au Québec.

- *Votre sens civique est supérieur à la moyenne.* Vous respectez les institutions et vous avez davantage tendance à suivre les règles que vos prédécesseurs.

- *Vous vous sentez branchés sur le monde.* Vous trouvez naturel d'échanger avec un autre internaute résidant en Australie ou Europe. Vous avez le sentiment de faire partie d'une communauté mondiale.

Ce portrait est-il trop élogieux ? Commencez-vous à deviner pourquoi je pense que l'avenir du Québec est entre vos mains ?

**Les succès francophones
ayant ponctué vos années de formation**

1988 Patricia Kaas : *Mon mec à moi*
1989 Philippe Lafontaine : *Cœur de loup*
1990 Pauline Ester : *Oui, je l'adore*
1991 Patrick Bruel : *Qui a le droit*
1992 Jordy : *Dur, dur d'être un bébé*
1993 Maurane : *Toutes les nanas*
1994 Lynda Lemay : *Jamais fidèle*
1995 Céline Dion : *Pour que tu m'aimes encore*
1996 Éric Lapointe : *D'l'amour, j'en veux pus*
1997 Lara Fabian : *Je t'aime*
1998 Bruno Pelletier : *Le temps des cathédrales*
1999 Axelle Red : *Sensualité*

Dans les faits, cependant, vos goûts musicaux sont très variés. Vous appréciez certaines chansons qui ont bercé vos grands-parents. Vous n'avez pas honte d'avoir aimé les Spice Girls ou les Backstreet Boys (vous avez même adoré *La chanson d'Hélène* : « je mets le doigt devant, je mets le doigt derrière... »), et vous êtes ouverts à la musique mondiale.

Comment vous voyez le monde

Vous êtes préoccupés par votre sécurité personnelle. Vous savez que les gens peuvent être fourbes et dangereux. Ce n'est pas étonnant : c'est ce qu'on vous répète depuis votre enfance.

Vous avez appris très jeunes que des membres de votre génération pouvaient disjoncter et recourir à la violence, voire au meurtre, pour assouvir des pulsions que vous n'arrivez même pas à comprendre.

LA TUERIE DE COLUMBINE

À 11 h 15, le 20 avril 1999, deux étudiants, Eric Harris et Dylan Klebold, se rendaient à leur école et y déposaient, des deux côtés de la cafétéria, deux bombes artisanales. Ils comptaient attendre que celles-ci explosent et ensuite tirer sur les survivants qui tenteraient de fuir les lieux.

Les bombes n'ont pas explosé. Les deux complices ont donc sorti leurs armes et se sont mis à tirer. Douze élèves ainsi qu'un professeur ont été tués. Eric Harris et Dylan Klebold ont ensuite utilisé leurs propres armes pour se suicider.

On vous a sûrement avertis des dangers du GHB, la drogue du viol. Vous savez maintenant qu'il peut être dangereux de quitter votre verre des yeux lors d'une soirée.

Vous avez été secoués par les images du 11 septembre 2001, quand des avions de ligne ont été transformés en missiles par des pirates de l'air. Vous avez vu s'écrouler les tours du World Trade Center. Si vous aviez encore des doutes, vous avez été convaincus, ce jour-là, que le monde pouvait être périlleux.

Votre vision de la politique a également été ébranlée par de nombreux événements. Vous avez vu le président William Jefferson Clinton être embourbé dans un scandale sexuel. Lui, un boomer idéaliste, avait commis la faute, non pas d'avoir eu une liaison avec une stagiaire, mais d'avoir menti au peuple américain.

4 – Et puis vous êtes arrivés

Vous avez vu le gouvernement canadien être compromis dans un autre scandale, celui des commandites. Le parti au pouvoir aurait, par le truchement du programme du même nom, distribué des sommes considérables d'argent à des amis. Au moment où j'écris ces lignes, la Commission Gomery, chargée d'enquêter sur le scandale, poursuit toujours son investigation.

Prenez cependant garde de ne pas assimiler aveuglément la politique à la magouille, au mensonge et à la corruption. Ce sont les politiciens qui sont en cause ici. Pas la politique.

Que dire de votre vision de l'économie ? Sur ce point, vous êtes à la fois divisés et consternés. Vous savez que certaines entreprises exploitent actuellement les habitants d'autres pays dans le but de produire des biens et des denrées à faible coût et que d'autres exploitent également, sur le sol nord-américain, des mains-d'œuvre illégales.

▶▶ Ce qui vous divise, c'est votre comportement face aux biens de consommation ainsi produits. Plusieurs d'entre vous préfèrent ignorer ce phénomène parce qu'il vous permet de consommer abondamment. D'autres sont contents de savoir que les habitants de ces pays en développement peuvent au moins toucher un petit salaire et ainsi améliorer leur sort. D'autres encore croient au commerce équitable et aimeraient bien qu'il soit davantage favorisé sur notre territoire.

▶▶ Ce qui consterne bon nombre d'entre vous, c'est de voir le nombre de personnes qui continuent à acheter des produits dans des commerces qui exploitent les démunis afin d'offrir de meilleurs prix.

Encore une fois, évitez de généraliser. Ce n'est pas l'économie qui est à la base de cette exploitation ; c'est le comportement des consommateurs, et ce comportement, vous pouvez vous employer à le modifier.

LE NIVELLEMENT PAR LE BAS, VERSION MILLÉNAIRE

Au moment où j'écris ces lignes, plusieurs d'entre vous manifestez pour demander une amélioration du programme des prêts et bourses. Mais avez-vous remarqué comment ce programme favorise le nivellement par le bas ?

On calcule les besoins financiers d'un étudiant en fonction du minimum nécessaire à sa survie. Sur cette base, on lui offre un prêt et une bourse. S'il gagne un peu d'argent pendant l'année, il doit rembourser au gouvernement une somme équivalente à ses gains d'emploi. C'est donc dire que, même s'il travaille, on lui permettra tout juste de survivre. Cette rengaine vous rappelle-t-elle quelque chose ? Tous égaux dans la pauvreté, voilà le vrai bonheur !

Ne vaudrait-il pas mieux travailler à augmenter le niveau de vie de notre population afin que l'État puisse se permettre de mieux traiter tous ses citoyens, y compris les étudiants ?

Voilà donc ce que vous avez vu en grandissant. Remarquez que cela ne vous a pas transformés en pessimistes ou en cyniques. Dans votre for intérieur, vous partagez avec vos pareils la conviction que vous serez plus tard en mesure de changer la manière dont se font les choses. Vous savez également que si rien ne bouge ici, vous pourrez aller trouver votre bonheur ailleurs. Cet optimisme face à l'avenir est une grande qualité que vous ne devez pas laisser s'envoler. Il vous permettra de faire face aux défis qui vous attendent.

Ce que les autres cohortes générationnelles pensent de vous

La vision qu'ont les membres des autres cohortes de la vôtre est fortement influencée par les valeurs qu'ils ont prônées tout au long de leur vie. Si j'inclus cette section dans mon ouvrage, c'est que vous devrez, pour vous faire une place en société, apprendre à vous adapter aux gens que vous côtoyez.

Les traditionalistes

Ils vous trouvent très intelligents. Ils sont épatés par votre maîtrise des nouvelles technologies et par votre capacité d'accueillir le changement. Ils trouvent que vous avez de bonnes manières et que vous êtes très serviables. De nombreux traditionalistes ont été initiés à Internet par des millénaires comme vous.

Mais les traditionalistes n'apprécient pas trop les vêtements gothiques ou les perçages. Ils se demandent pourquoi vous vous donnez une apparence aussi piteuse. Cependant, parce qu'ils en ont vu d'autres (ils ont vu les boomers s'émanciper pendant les années 60), ils supposent que cela vous passera et que vous présenterez bientôt une apparence qui leur plaira davantage.

Ils trouvent finalement que vous écoutez trop la télévision et que certains de vos artistes préférés sont vulgaires.

Les boomers

Les boomers idéalistes vous trouvent charmants et sont surpris de votre facilité à créer une page Web ou à programmer un magnétoscope. Ils envient votre jeunesse mais trouvent à l'occasion que vous devriez être plus disciplinés. Ils aiment vous confier des tâches qui leur paraissent difficiles mais que vous semblez accomplir en un tournemain.

Les boomers cyniques vous trouvent souvent trop idéalistes. Votre foi en l'avenir les agace un peu. Ils se disent que vous vous rendrez compte, tôt ou tard, que le monde est tel qu'il est et qu'on ne peut pas le changer. Dans le milieu de travail, ils trouvent souvent que vous êtes trop pressés de gravir les échelons et que vous devriez vous contenter de débuter en bas de l'échelle puis de faire patiemment vos preuves.

Vous les agacez également à cause de votre tendance à faire plusieurs choses à la fois. Vous trouvez peut-être normal de discuter avec un vis-à-vis pendant que vous terminez un travail et que vous clavardez dans Internet, mais eux considèrent que c'est là un manque de savoir-vivre. Ils aimeraient que vous les regardiez quand ils vous parlent. Est-ce trop demander ?

La génération X

Les X sont jaloux de vous. Ils trouvent que vous avez été trop gâtés pendant votre jeunesses alors qu'eux ont été plutôt négligés. À leurs yeux, et vous le comprendrez aisément, ce n'est pas juste.

Mais ce n'est pas tout. Si vous vous rappelez bien, quand les X sont arrivés sur le marché du travail, toutes les portes leur étaient fermées, et ils ont dû se contenter de « McJobs » en espérant pouvoir trouver mieux. Ils s'attendaient à connaître de meilleurs jours au moment de la retraite des boomers. Le problème, c'est que vous êtes plus compétents qu'eux en matière de technologie et que, de plus en plus, les employeurs vous préfèrent à eux.

Au travail, les X vous trouvent anxieux. Cela est dû au fait que vous aimez bien travailler en équipe et que vous appréciez obtenir de la rétroaction (feed-back), alors qu'eux n'ont pas besoin de recevoir des félicitations pour savoir s'ils ont bien fait un travail. Ils trouvent que vous requérez trop de supervision.

UN TRAIT, DEUX RÉACTIONS

Remarquez à quel point deux cohortes générationnelles peuvent réagir différemment à un même comportement. Vous aimez être supervisés. Pour les X, c'est un signe que vous ne vous faites pas suffisamment confiance alors que pour les traditionalistes, qui ont appris à respecter la chaîne de commandement, c'est un signe de votre compétence.

Et vous arrivez au bon moment...

La population du Québec est vieillissante. On vous l'a déjà dit. Les entrepreneurs ne préparent pas leur relève. On vous l'a déjà dit. Notre économie est menacée par celle des pays émergents. Vous en avez sans doute entendu parler. Le système de santé va bientôt monopoliser presque la moitié des revenus de l'État québécois. Je vous l'apprends peut-être...

En théorie, comme nous l'avons dit dans l'introduction, vous êtes peut-être dans la merde. Dans les faits, l'avenir n'est pas aussi noir que ne le prétendent les prophètes de malheur.

- Sur le marché du travail, ces personnes qui vont bientôt prendre leur retraite laisseront un vide qu'il faudra combler. Contrairement aux X, plusieurs possibilités s'offriront à vous quand arrivera le temps de choisir votre employeur et le poste qui vous permettra de vous réaliser.

- Vos valeurs correspondant davantage à celles des leaders traditionalistes actuellement en place, vous serez bien placés pour accéder à la direction des entreprises quand ceux-ci prendront leur retraite.

- Cette population vieillissante, en quittant le marché de l'emploi, créera des besoins que des personnes ingénieuses comme vous pourront combler moyennant rémunération.

- Le vide créé sur l'échiquier politique par ces retraites permettra à votre génération d'imposer ses valeurs à la société.

- Les boomers ne sont pas éternels. Tôt ou tard, ils cesseront de peser autant sur le budget de l'État.

Le meilleur est à venir. Mais il vous faut tout d'abord prendre votre place dans cette société. Ce sera le sujet du prochain chapitre.

Chapitre 5

Prendre votre place dans la société

*Je suis jeune, il est vrai ; mais aux âmes bien nées
la valeur n'attend pas le nombre des années.*

Corneille

Dans le livre *Pourquoi travaillez-vous ?*, j'évoque le nombre surprenant de gens qui n'ont pas de but dans la vie et qui se contentent de fonctionner en mode automatique. Cela ne veut pas dire que ces gens n'ont aucun rêve, mais ils se contentent justement de rêver et ne se lancent jamais dans l'action. Chez plusieurs, la force d'inertie est trop grande et, si vous discutez avec eux, vous vous rendrez compte qu'ils se divisent en deux groupes.

- ⊙ *Il y a ceux qui sont trop jeunes.* Ceux-là se disent qu'ils pourront commencer à réaliser des choses quand ils auront vieilli un peu, quand ils seront jugés plus crédibles par les membres de la société en général, quand ils auront payé leur maison, quand les enfants seront grands, etc. En attendant, ils se contentent de ne rien faire même s'ils pourraient tenter d'éliminer des injustices, de faire avancer la société ou de se réaliser pleinement.

- *Il y a ceux qui sont trop vieux.* Ceux-là auraient bien aimé réaliser des choses, mais il leur semble qu'il est trop tard pour le faire ; ils vous diront que ce n'est plus leur tour. Ils sont vieux. La retraite approche. À quoi bon tout risquer dans des projets hasardeux ?

Le pire, c'est que ce sont généralement les mêmes personnes qui sont passées sans interruption, durant leur vie, d'une impuissante jeunesse à une impotente vieillesse. Et entre ces deux états, ont-elles au moins eu un jour l'âge idéal pour entreprendre de grands projets ? Il semblerait que non. Il semblerait qu'elles soient passées d'une jeunesse à une vieillesse extrêmes en un clin d'œil...

Vous n'êtes pas trop jeune

Ces deux affirmations («je suis trop vieux» ou «je suis trop jeune») ne sont que des excuses données par une personne pour justifier son inertie. Si vous cultivez ce type de pensées, vous ne ferez jamais rien avant le jour où vous vous déclarerez trop vieux.

Bill Gates avait 20 ans quand, avec Paul Allen, il a fondé ce qui allait devenir Microsoft. Stephen King avait le même âge quand, en 1967, il a vendu sa première nouvelle, *The Glass Floor*, à *Startling Mystery Magazine*. Mozart était déjà compositeur à 10 ans. Mario Dumont avait 21 ans quand il a été élu à la présidence de la Commission Jeunesse du PLQ.

Si vous avez envie d'entreprendre quelque chose ou que vous souhaitez voir quelque chose se réaliser, lancez-vous immédiatement dans l'action en franchissant les quatre étapes suivantes :

1. Demandez-vous ce qui vous manque pour mener votre projet à terme. S'agit-il d'une formation ? de certains contacts ? Demandez-vous comment vous pouvez faire pour être en mesure de mettre vos idées à exécution.
2. Demandez-vous sur quels talents ou quels contacts vous pouvez tabler pour lancer votre projet.
3. Demandez-vous ce qui pourrait nuire à la réalisation de votre projet (qui, quoi, pourquoi) et comment vous pouvez déjouer cet ou ces obstacles.
4. Demandez-vous qui pourrait vous aider à mener ce projet à terme et décidez de la façon dont vous pourriez lui demander son appui.

Quel que soit votre rêve, vous pouvez commencer à le réaliser aujourd'hui. Utilisez vos réponses à ces quatre séries de questions pour établir votre plan d'action. Commencer, c'est déjà réussir.

Être prêt

Cependant, si vous décidez de changer les choses, vous rencontrerez de nombreuses difficultés. Les gens qui profitent du système actuel ne lâcheront pas facilement prise. Ils contreront vos initiatives avec des arguments qui risqueront de vous déstabiliser. Il faut que vous y soyez prêt.

Et le meilleur outil pour être prêt, c'est votre curiosité. Comme je le mentionne dans le livre *La vie est injuste (et alors ?)*, c'est l'une des 10 clés de la résilience. Ne cessez jamais d'apprendre. Vous serez ainsi mieux armé pour résister aux arguments démagogiques.

Si vous souhaitez pouvoir influencer la manière dont les Québécois consomment, renseignez-vous d'abord sur ce phénomène, sur celui du crédit et sur les pratiques commerciales des entreprises. Si vous songez à créer une entreprise qui produit des logiciels, apprenez-en le plus possible sur les outils de programmation et sur la petite histoire de cette industrie. Si vous désirez faire votre part pour changer la manière de gérer l'État, étudiez son histoire, son évolution et sa gestion actuelle.

Puisez à de nombreuses sources. Ne vous contentez pas d'un seul point de vue. Dégagez un portrait d'ensemble de la situation qui est au cœur de vos préoccupations.

NE VOUS FIEZ PAS AUX BULLETINS DE NOUVELLES !

Les gens qu'on interviewe aux informations ont des intérêts à défendre. Il ne faut pas croire tout ce qu'ils racontent.

Par exemple, vous entendrez régulièrement des gens en accuser d'autres d'être d'extrême droite. Il est important d'en apprendre davantage sur l'échiquier politique avant de croire tout ce qui est dit à ce sujet. Plusieurs crient au loup à la moindre occasion. Ils accuseront une personne se trouvant au centre de l'échiquier d'être d'extrême droite s'ils sont eux-mêmes un peu à gauche. Initiez-vous aux fondements de la politique. Faites-vous votre propre idée de ce qu'est la gauche, le centre ou la droite.

La curiosité vous apportera également d'autres bénéfices. En vous ouvrant à de nombreux sujets, vous vous rendrez compte que c'est peut-être grâce à elle que vous vous êtes découvert des passions insoupçonnées. C'est en explorant le monde qu'on peut s'apercevoir de ce qu'il peut nous apporter. C'est également en s'ouvrant à lui qu'on peut réaliser combien grand pourrait être notre apport.

Une autre façon de préparer votre intégration sociale consiste à développer un réseau qui pourra faire fructifier vos efforts. En effet, vous aurez besoin de talents qui ne sont pas nécessairement les vôtres. Il vous faudra rallier des gens ayant des compétences que vous ne possédez peut-être pas. En développant un bon réseau, vous pourrez faire appel aux autres quand cela s'avérera nécessaire et vous serez en mesure de les aider dans leurs projets si ceux-ci vous tiennent à cœur.

Préparez-vous à être un meilleur citoyen

Qu'est-ce qu'un bon citoyen? Je dirais que c'est un individu capable de poursuivre ses objectifs personnels tout en contribuant au bien commun. C'est une personne qui, au lieu de suivre aveuglément les modes sociales ou de faire comme tout le monde, se pose des questions et fait consciemment ses choix.

Être un bon citoyen suppose qu'on fasse preuve de jugement. Il faut donc être en mesure de se fixer des objectifs personnels et de déterminer ce qu'est le bien commun.

Nous avons déjà fait état de quelques mouvements susceptibles, au cours des prochaines années, de prendre de l'ampleur ou d'être enrayées. Que pouvez-vous faire personnellement à cet égard?

▶▶ Souhaitez-vous que le culte de l'individualisme se poursuive ou préférez-vous que les Québécois retrouvent leur esprit communautaire ? Quelle que soit votre réponse, que pouvez-vous faire pour que cela se produise ?

▶▶ Dans le même sens, considérez-vous que l'État devrait s'investir dans plus de secteurs, libérant ainsi les Québécois de diverses obligations, ou devait-on plutôt repenser son rôle et redonner aux citoyens l'occasion d'assumer leurs responsabilités ?

▶▶ Considérez-vous que le nivellement par le bas a assez duré ou souhaitez-vous qu'il se poursuive parce qu'il permet à tout de le monde de se sentir bien ? Que pouvez-vous y faire sur les plans individuel et communautaire ?

▶▶ Considérez-vous que le fait de se soumettre aux dictats de la société de consommation constitue la solution idéale pour une personne qui cherche le bonheur ou pensez-vous qu'il existe d'autres possibilités ? Que pouvez-vous y faire ?

Certaines de vos réponses peuvent vous amener à penser que l'engagement politique pourrait vous aider à atteindre vos objectifs. Il se peut que vous vous disiez que cela n'est pas possible de sitôt, que la politique, c'est pour les vieux, ceux qui seront bientôt séniles. Laissez-moi vous rassurer à ce sujet : de nombreux postes vont bientôt se libérer et vous pouvez commencer à travailler de façon à pouvoir un jour représenter les vôtres (ou militer pour quelqu'un qui les représentera correctement) quand l'occasion se présentera.

En fait, de nombreux postes sont déjà disponibles, étant donné que les partis tentent désespérément de se renouveler. Commencez par vous rendre sur les sites Web de ces partis et téléchargez leurs programmes politiques. Lisez-les et déterminez lequel correspond le plus à vos valeurs et à votre vision de l'avenir du Québec (ou du Canada, si la politique fédérale vous intéresse davantage). Devenez ensuite membre d'une de ces organisations et donnez-vous pour objectif de participer aux activités qu'elle organise afin de rencontrer et d'impressionner le plus de ses membres possible.

Si une élection a lieu à un palier régional, portez-vous candidat. Renseignez-vous sur les statuts du parti. Vous serez ainsi prêt à l'influencer de l'intérieur. Participez aux congrès. Proposez des changements. Il vous en viendra plusieurs à l'esprit en lisant les programmes. Et si cela n'est pas suffisant ou que vous ne vous reconnaissez dans aucune organisation, créez votre propre parti.

Il se peut également que vous soyez tenté de vous engager dans votre milieu de travail en tant que syndicaliste. Si ce défi vous intéresse, relevez-le. Il est faux de croire que le groupe en place ne cherche pas un apport de sang neuf. Il est probable qu'on vous attend déjà.

NE VOUS LAISSEZ PAS VOLER !

Il n'y a pas qu'au chapitre des clauses de disparité que vous pouvez faire une différence en vous engageant dans le mouvement syndical. Vous pouvez également jouer un rôle en ce qui a trait aux avantages sociaux. Par exemple, saviez-vous que, de plus en plus, on tente de faire payer aux jeunes employés le manque à gagner des fonds de retraite des boomers ?

Voici ce que disait à ce propos le journal *La Presse* du 5 avril 2005 : « Afin de "stabiliser" les coûts futurs de leurs régimes de retraite, des employeurs inscrivent leurs nouveaux salariés dans un régime à cotisations plus élevées mais à prestations moindres que celui de leurs collègues plus expérimentés. »

Préparez-vous à mieux consommer

Le sort des travailleurs étrangers exploités vous préoccupe et vous aimeriez voir augmenter la consommation des produits équitables? Commencez par donner l'exemple en devenant un consommateur de ces produits.

Ensuite, faites part de vos préoccupations aux gens que vous fréquentez et demandez-leur d'agir en conséquence. Certains le feront, d'autres non. Mais vous aurez déjà commencé à atteindre vos objectifs.

Convainquez le plus de millénaires possible. Votre pouvoir d'achat va décupler au cours des prochaines années. Il est vrai que les boomers sont très nombreux, mais la consommation d'un individu chute d'environ 25 % quand il prend sa retraite. Déjà, les spécialistes du marketing analysent votre cohorte afin de prévoir les besoins futurs des consommateurs.

Il est également possible que vous ne compreniez pas pourquoi les gens des autres cohortes générationnelles s'entêtent à acheter chez des géants américains du commerce de détail, lesquels offrent des produits importés de pays émergents, ce qui, en définitive, a pour effet de drainer les ressources financières du Québec sans que cela profite suffisamment aux travailleurs qui fabriquent ces produits.

Il y a plusieurs explications à cela. Mentionnons, tout d'abord, ce besoin qu'ont plusieurs d'acheter : comme nous l'avons dit précédemment, la consommation peut devenir une drogue qui permet de combler le vide de sa vie. Pensons ensuite au faible niveau de vie des

Québécois: ceux-ci peuvent acheter plus souvent si les articles coûtent moins cher. Enfin, avouons que plusieurs préfèrent ne pas connaître les conditions de vie des gens qui fabriquent ce qu'ils achètent.

Encore une fois, commencez par agir, puis convainquez les gens qui vous entourent. Avec le temps, le pouvoir d'achat de votre cohorte deviendra tellement important que les entreprises s'adapteront si elle exige des biens produits de façon responsable.

Préparez-vous à devenir un leader

Pour choisir parmi tous les postes intéressants qui seront vacants à la suite des nombreux départs à la retraite des boomers, vous devrez être prêt. De fait, il vous faudra avoir obtenu la formation nécessaire pour occuper ceux qui vous tenteront.

Mais il y a plus! Les postes de direction des PME se libéreront également très bientôt. En effet, 56 % des entrepreneurs prendront leur retraite dans les 5 à 10 prochaines années; or, 80 % des propriétaires d'entreprise privée négligent la question de leur succession ou évitent de l'aborder.

Que va-t-il se passer quand l'envie d'aller jouer au golf en Floride les prendra? Qu'arrivera-t-il quand le médecin leur annoncera qu'ils doivent absolument prendre du repos? Voici quelques réponses.

▶▶ Puisque plus de 85 % des entreprises québécoises sont familiales, le premier réflexe des entrepreneurs sera de vérifier si un membre de leur famille est tenté et a la capacité de prendre leur relève. S'ils trouvent ainsi quelqu'un pour reprendre le flambeau, ils pousseront un soupir de soulagement et iront voir au sous-sol où se trouvent leurs bâtons de golf.

▶▶ Si aucun membre de la famille n'est disponible, ils chercheront du côté des employés. Il y en a peut-être un parmi eux qui pourra prendre la direction de l'entreprise et qui sera en mesure de l'acheter plus tard... Si on le trouve, tant mieux.

▶▶ Si cette démarche est vaine, ils chercheront à l'extérieur de l'organisation en recourant aux petites annonces (plusieurs ne connaissent pas encore Jobboom) ou aux chasseurs de têtes.

▶▶ S'ils ne trouvent toujours pas, ils tenteront de liquider l'affaire. Si ce n'est pas possible et que leur patrimoine est immobilisé dans l'entreprise, ils en deviendront prisonniers et abandonneront l'idée de prendre leur retraite.

Imaginez le sort des petits villages qui risquent de perdre leur seule épicerie. Ou celui des patelins qui pourraient perdre leur principal employeur. Et je ne parle pas de situations qui se produiront dans une éternité, quand vous serez vous-même à la retraite. Je parle de celles qui deviendront monnaie courante d'ici quelques années.

Il est raisonnable de penser que vous pourrez accéder à un poste de direction si vous vous y préparez. Cela vous permettra d'imposer vos valeurs à l'organisation et d'accroître votre influence dans la société.

En adaptant dans les prochaines pages un extrait du livre *Vos futurs leaders* au contexte de cet ouvrage, nous allons vous indiquer comment, justement, on choisit un futur leader au sein d'une organisation. Nous tenterons ensuite de déterminer comment vous pourrez ajuster votre profil en conséquence.

Dans un premier temps, le patron (ou le comité chargé de planifier la relève quand il y en a un) évalue votre performance actuelle. Cette évaluation permet de déterminer si on peut vous pressentir pour un poste plus important dans l'organisation.

5 – Prendre votre place dans la société

Les aspects qui sont alors évalués sont la qualité du travail que vous accomplissez, l'importance de vos contributions dans l'équipe, votre connaissance des processus de travail, votre esprit d'initiative, votre fiabilité et votre créativité. Pour juger de tout cela, on aura recours à l'une ou l'autre des quatre méthodes suivantes.

- *Vos évaluations de rendement antérieures.* Si votre organisation procède couramment à des évaluations du rendement, il devient possible, même pour une personne qui n'est jamais entrée en contact avec vous, de faire cette estimation. Le travail déjà effectué n'a ainsi pas à être repris.

- *Votre capacité d'atteindre des objectifs.* Si vous avez l'habitude de vous entendre chaque année avec votre patron au regard d'objectifs à atteindre dans la prochaine période, celui-ci peut voir si ces buts ont été atteints simplement en analysant votre performance réelle. Ainsi, le mécanicien qui devait installer une machine-outil en moins de 30 jours et qui a atteint cet objectif obtiendra une bonne note. Le vendeur qui devait atteindre des ventes de 800 000 $ dans l'année et qui dépasse ce montant de 15 % aura une excellente note. Il est important, lors d'une négociation concernant les résultats à atteindre, de choisir des objectifs raisonnables.

- *Les discussions avec les responsables.* Si la personne chargée d'évaluer votre performance n'entre pas en contact direct avec vous dans le cadre de son travail régulier, elle peut demander l'avis de votre supérieur hiérarchique. Elle lui demandera si vous faites bien votre travail et s'il est satisfait de vous. Elle lui demandera également de préciser quelles sont vos principales forces.

⊙ *L'utilisation d'un tableau de pointage.* Il est également possible de procéder à une évaluation ponctuelle de tous les employés par l'observation directe.

L'objectif, dans un premier temps, consiste donc à vous attribuer une note en fonction de votre performance actuelle. Plus celle-ci est élevée, mieux c'est pour vous. Mais le processus ne s'arrête pas là. Un employé performant dans un poste ne sera pas nécessairement un bon patron. Les postes de direction exigent d'autres compétences. C'est la raison pour laquelle, dans un deuxième temps, on évaluera votre potentiel.

Alors que l'évaluation de votre performance actuelle repose sur la qualité du travail que vous accomplissez, l'importance de vos contributions dans l'équipe, votre connaissance des processus de travail, votre esprit d'initiative, votre fiabilité et votre créativité, l'évaluation de votre potentiel, elle, tiendra compte des 10 facteurs suivants.

1. *Votre désir d'apprendre.* Plus un individu progresse dans une organisation, plus il doit être animé par le désir d'apprendre. Chaque promotion nécessite un apprentissage particulier qu'un individu qui a cessé d'apprendre trouvera difficile. Parmi les questions qu'on se posera à votre sujet pour vous évaluer sur ce point, on retrouvera les suivantes :

    ▸ A-t-il appris quelque chose de nouveau sur nos produits ou sur nos services depuis un an ?

    ▸ Tente-t-il de comprendre pourquoi telle ou telle décision a été prise ?

    ▸ Suit-il des cours du soir ?

    ▸ Est-il enthousiaste si on lui offre une formation ?

    ▸ Lit-il des magazines portant sur notre secteur d'activité ?

2. *Votre capacité d'influencer vos pairs.* Plus un individu progresse dans une organisation, plus il doit recourir à la persuasion, notamment à l'influence qu'il a sur ses collègues, pour faire accepter son point de vue ou pour défendre un projet. S'il ne dispose pas de la crédibilité nécessaire pour ce faire, il doit être capable de se trouver des alliés. Ceux qui ne possèdent pas ces habiletés ont tendance à perdre tous leurs moyens dans l'adversité. Pour vous évaluer sur ce point, on se posera à votre sujet les questions suivantes : « Sait-il faire accepter son point de vue sans se mettre ses collègues à dos ? » « Jouit-il déjà d'un bon réseau dans l'organisation ? » « Peut-il dire ses quatre vérités à un collègue de telle façon que cela ne compromette pas leur relation professionnelle ? »

3. *Votre aptitude à faire de la représentation.* Vous demanderait-on de remplacer votre patron lors d'une soirée à la Chambre de commerce ou lors d'une réunion de votre groupement d'achat ? Votre potentiel de représentation repose à la fois sur votre présence professionnelle et sur votre sens politique. Certains naissent avec ces dons ; d'autres, non. Mais toutes les qualités peuvent être développées.

4. *Votre ouverture au changement.* Plus on progresse dans une organisation, plus on est appelé à s'interroger et à se demander comment les processus d'affaires pourraient être améliorés. Ce questionnement suppose qu'on soit ouvert au changement. L'individu qui y résiste préférera le statu quo et ne remettra que rarement en question les façons de faire de l'organisation. Il deviendra un obstacle à l'adaptation de cette dernière au marché ou à son environnement. Heureusement, les millénaires sont majoritairement ouverts au changement.

5. *Votre intérêt pour les autres.* Dès qu'il atteint un poste de supervision, l'individu doit devenir un *coach* et aider les personnes placées sous son autorité à devenir plus efficaces. Pour cela, il doit pouvoir cerner ce que l'autre doit améliorer. Il faut qu'il s'intéresse à lui. Les individus qui ne pensent qu'à eux font rarement de bons superviseurs.

6. *Votre capacité de planifier.* Il n'y a pas que les gestionnaires qui ont besoin de planifier. Toute personne appelée à effectuer un travail non routinier doit savoir le faire. L'électricien qui se rend compte, rendu en haut d'un échafaudage, qu'il a oublié son matériel en bas n'est pas doué pour planifier. Il en va de même du vice-président qui commande un nouveau système informatique sans prévoir un budget de formation pour ceux qui devront s'en servir. Planifiez-vous votre travail afin d'être plus efficace?

7. *Votre capacité de saisir l'essentiel.* À mesure qu'il progresse dans une organisation, un individu recevra de plus en plus de requêtes. S'il ne sait pas distinguer l'importance et l'urgence relatives de celles-ci, il investira mal son temps. L'habileté à saisir l'essentiel repose en bonne partie sur la compréhension du plan stratégique de l'organisation et à la capacité de se demander, dans le feu de l'action, si la satisfaction de telle requête aidera (ou nuira à) l'organisation en ce qui a trait à l'atteinte de ses objectifs à moyen ou à long terme. De plus, la personne qui n'arrive pas à distinguer l'accessoire de l'essentiel au travail fera souvent de même dans la vie quotidienne. À mesure que ses responsabilités augmenteront, elle risquera de se retrouver en situation d'épuisement professionnel. Or, personne ne veut d'un dirigeant en *burnout*.

5 – Prendre votre place dans la société

8. *Votre capacité de budgeter.* Les gens ne naissent pas égaux au regard de leurs aptitudes à jouer avec les chiffres. Pour certains, c'est un plaisir que de suivre de près et en parallèle la réalisation d'un projet et l'évolution du budget qui lui est affecté. D'autres s'adonnent à la pensée magique en espérant que le projet, une fois réalisé, n'aura pas coûté trop cher. Êtes-vous à l'aise avec les chiffres? Pouvez-vous lire des états financiers? Pouvez-vous comprendre un budget prévisionnel?

9. *Vos habiletés de communication.* C'est dans cette catégorie qu'on retrouve vos capacités d'écouter, de vous affirmer et de gérer les conflits. Il s'agit d'habiletés nécessaires à la vie de tous les êtres humains, mais certains arrivent tout de même, avec plus ou moins de succès, à fonctionner sans elles en société. Cependant, dès qu'un individu progresse dans une organisation, il lui faut être capable de communiquer. Vous assurez-vous d'avoir bien compris ce qui vous a été demandé avant de hocher la tête? Avez-vous tendance à fuir les conflits ou préférez-vous y faire face? Avez-vous tendance à vous taire plutôt que de faire valoir vos bonnes idées?

10. *Votre capacité de décider.* On pourrait écrire un livre entier sur le thème de la prise de décision. Cette capacité des êtres humains évolue au gré de leurs expériences, bonnes ou mauvaises. Certaines personnes prennent leurs décisions rapidement, tandis que d'autres peuvent paniquer à la seule idée d'avoir à trancher une question. Combien d'organisations n'ont-elles pas disparu parce que le gestionnaire responsable reportait constamment une décision nécessaire à leur survie? Avez-vous fait la preuve que vous étiez capable de prendre des décisions quand il le fallait?

L'ensemble de ces facteurs permet d'évaluer votre potentiel. Supposons qu'on vous attribue sur ce deuxième point une note située entre 0 et 100. Il est alors possible de vous positionner quelque part dans le graphique suivant.

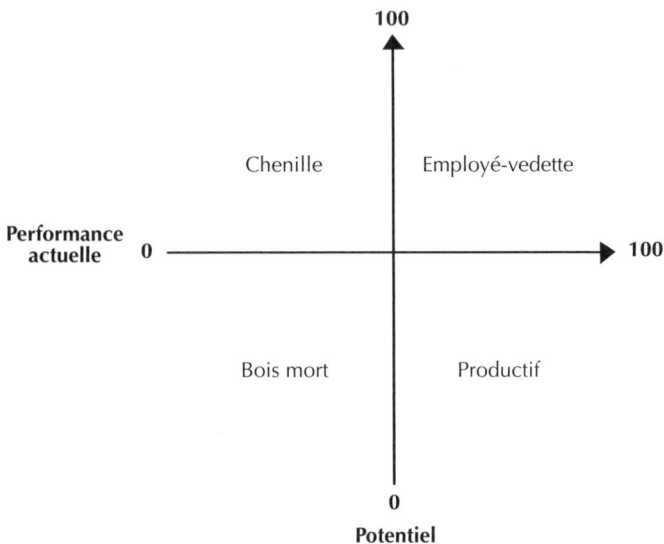

- ⦿ Si vous vous situez dans le quadrant supérieur droit du graphique, vous méritez le titre d'**employé-vedette.** Non seulement votre performance actuelle est des plus intéressantes, mais vous faites montre de beaucoup de potentiel. Avec un tel classement, vous pouvez aspirer à un poste de direction.

- ⦿ Si vous vous situez dans le quadrant inférieur droit du graphique, vous êtes un **productif.** Vous présentez une bonne performance dans votre emploi actuel, mais vous n'avez apparemment pas beaucoup de potentiel. Vous êtes considéré comme un bon travailleur qui s'applique et qui effectue ses tâches convenablement, mais qui ne semble pas aspirer à autre chose. Cela veut probablement dire que vous vous réalisez essentiellement à l'extérieur du travail.

- Si vous vous retrouvez dans le quadrant inférieur gauche du graphique, vous faites partie du **bois mort.** En plus de fournir actuellement un rendement insatisfaisant, vous présentez un potentiel limité. Si l'on vous garde, c'est probablement parce que la main-d'œuvre est rare ou que vous avez de la parenté (ou un protecteur) dans l'organisation.

- Finalement, si vous vous trouvez dans le quadrant supérieur gauche du graphique, vous êtes une **chenille.** Vous affichez un rendement faible au travail, mais votre potentiel est indéniable. En fait, on se demande actuellement si on ne gagnerait pas à vous offrir un autre poste correspondant davantage à vos compétences. Peut-être deviendriez-vous alors un beau papillon...

Comment réagissez-vous à ces professeurs qui, sans vous donner les questions exactes des examens à venir, aiment bien insister sur les éléments qui y figureront probablement, en lançant des «vous avez intérêt à étudier cette section pour l'examen»? Il est probable que vous en prenez note et que vous obtenez conséquemment de meilleurs résultats. Il en va de même avec vos chances de promotion dans votre organisation: vous savez maintenant quels facteurs serviront à évaluer votre candidature. Ne vaudrait-il pas la peine de vous préparer afin d'avoir une bonne note?

Votre performance actuelle

Nous mentionnions plus haut quels aspects de votre performance actuelle seraient évalués. Il faut maintenant vous demander ce que vous pouvez faire pour vous assurer d'être bien jugé sur cette première question.

- *Demandez conseil à votre superviseur.* Il est le mieux placé pour vous faire part de son appréciation de vous, pour vous dire ce qu'il pense de votre performance et pour vous offrir des suggestions d'amélioration. Une bonne discussion vous permettra de déterminer ce que vous devez changer dans votre façon de faire pour que votre prochaine évaluation de rendement soit la meilleure possible.

- *Négociez vos mandats.* N'acceptez pas un mandat si vous croyez qu'il vous manquera le temps ou les ressources nécessaires pour le remplir. Ne l'acceptez pas non plus si vous savez que vous n'avez pas les compétences requises pour vous en acquitter. Négociez un délai plus long, une allocation de ressources plus généreuse ou demandez la collaboration d'autres employés qui possèdent les compétences qui vous font défaut. Vous vous assurerez ainsi de ne pas connaître un échec qui entacherait l'évaluation de votre performance.

- *Participez aux rencontres, et pas seulement physiquement; si un problème est soulevé, suggérez des solutions.* Proposez des améliorations aux processus. Démontrez que l'organisation vous tient à cœur.

- *Faites des remplacements.* La main-d'œuvre se raréfiant, il deviendra de plus en plus facile de remplacer un collègue occupant un autre poste pendant qu'il est en congé. Avec le temps, vous apprendrez comment fonctionne chaque poste dans votre service. Cette polyvalence fera grimper vos résultats lors de l'évaluation de votre performance.

En suivant ces quelques conseils, vous vous assurerez d'obtenir une bonne note quand on évaluera votre rendement. Cela fera également augmenter votre valeur sur le marché de l'emploi, ce qui pourrait être utile si votre organisation ferme ses portes ou si une entreprise concurrente tente de vous recruter.

Votre potentiel

Il est plus facile d'obtenir une évaluation de votre performance actuelle qu'une évaluation de votre potentiel. En ce qui a trait aux facteurs qui révèlent votre potentiel, qui ont été mentionnés plus haut, vous devrez vous fier à votre jugement ou à celui de vos collègues. Voici ce que je vous propose.

Commencez par recopier, dans un tableau, la liste des 10 facteurs présentés plus haut en plaçant ceux qui vous sont le moins favorables en premier. Ceux que vous sont le plus favorables figureront donc à la fin. Voici un exemple d'une telle liste préparée par une millénaire que nous appellerons Isabelle.

Moins favorable

Capacité de budgéter
Désir d'apprendre
Capacité d'influencer mes pairs
Habiletés de communication
Capacité de décider
Capacité de planifier
Intérêt pour les autres
Capacité de saisir l'essentiel
Ouverture au changement
Aptitude à faire de la représentation

Plus favorable

Demandez-vous comment vous pourriez acquérir les connaissances ou développer les habiletés de base indispensables à une bonne évaluation de votre potentiel. Par exemple, Isabelle pourrait suivre un cours d'initiation à la lecture des états financiers et à la gestion d'un budget. De tels cours sont offerts sous forme d'ateliers de quelques heures ou dispensés dans le cadre de programmes de formation à distance.

Une personne qui considérerait que ses habiletés de communication laissent à désirer pourrait quant à elle suivre un atelier portant sur la négociation ou sur la gestion des conflits.

Après avoir acquis ces atouts, demandez-vous comment vous pouvez le faire savoir au travail. Vous pouvez glisser dans une conversation que vous venez de recevoir votre attestation d'études ou encore demander qu'on vous confie un mandat qui vous permettra, sous supervision, d'appliquer vos nouvelles habiletés. Dès lors, l'évaluation de votre potentiel s'en trouvera améliorée.

Par la suite, saisissez les occasions vous permettant d'utiliser à bon escient ce que vous avez appris afin d'en améliorer votre maîtrise. Passez ensuite au facteur suivant dans votre liste.

Vous n'avez pas encore d'emploi si vous êtes un jeune millénaire. Dans ce cas, cette section vous aura peut-être semblé superflue. Mais il n'en est rien. Promettez-vous d'y revenir dans quelque temps, quand vous trouverez votre premier emploi.

Apprenez à vous faire apprécier

Que ce soit dans votre vie professionnelle ou privée, vous serez appelé à entrer en contact avec des gens d'autres cohortes générationnelles et vous aurez tout intérêt à vous faire apprécier d'eux. Le fait d'être apprécié améliore la qualité des rapports et fait en sorte que les gens sont davantage enclins à accéder à vos demandes.

Une des meilleures manières de se faire apprécier consiste à éviter d'adopter des comportements qui font ressortir ce qui vous distingue de vos interlocuteurs. Car plus vous aurez de points en commun avec les gens, plus ils vous trouveront sympathique. Voyons comment vous pourriez vous y prendre avec des traditionalistes, des boomers ou des X.

Avec des traditionalistes

Ceux-ci apprécient la hiérarchie et les gens qui respectent les chaînes de commandement. Donc, avec un patron traditionaliste, vous ne bouleverserez pas la hiérarchie. Vous lui parlerez avec déférence et vous afficherez votre loyauté envers les valeurs de l'organisation. De plus, vous vous assurerez d'être visible. Les dirigeants traditionalistes ont tendance à penser que les employés qu'ils ne voient pas ne travaillent pas. Ils ont accédé à leur poste en pleine vague tayloriste.

LE TAYLORISME

Aussi appelé *management scientifique*, le taylorisme tire son nom du travail de Frederick Winslow Taylor qui, en 1911, prétendait que pour améliorer la production industrielle il fallait décomposer le travail à effectuer en petites opérations. Résultat : les travailleurs n'avaient qu'une seule tâche à accomplir. Les chaînes d'assemblage reposent sur le principe du taylorisme.

Dans une réunion dont le but est de trouver une solution à un problème précis, n'hésitez pas à indiquer si celle que vous présentez exige des sacrifices à court terme. Les traditionalistes apprécient ce type de discours.

Avec des boomers

Pour mobiliser un boomer, vous pourriez insister sur le fait que sa contribution est indispensable à la réussite d'un projet. Les membres de cette cohorte générationnelle réagissent favorablement à des énoncés tels que « j'ai vraiment besoin de toi sur ce comité », « nous t'apprécions » ou « je me sentirais plus en sécurité si tu t'en occupais ». Il s'agit d'une cohorte dont les membres ont souvent négligé les autres pans de leur vie afin de s'investir dans leur travail : ils ont besoin de sentir qu'ils forment une partie essentielle de la population active et qu'ils ont de la valeur aux yeux de leurs supérieurs et de leurs collègues.

Si vous devenez le patron d'un boomer, faites-lui comprendre, par votre discours, qu'il est quelqu'un de spécial (rappelez-vous que les boomers sont très compétitifs). Reconnaissez publiquement ses bons coups. La remise d'une plaque ou une mention spéciale durant une réunion ou une réception de Noël ne le laisseront pas indifférent. Récompensez-le pour ses longues heures de travail en lui offrant des avantages non pécuniaires tels qu'un billet d'avion en première classe ou des billets de spectacle. Prenez également l'habitude de le consulter au moment de prendre une décision qui aura un impact sur lui. Les boomers préfèrent les patrons qui cherchent le consensus chaque fois que c'est possible. Bien évidemment, vous n'avez pas à attendre d'être leur patron pour commencer à leur demander leur opinion.

Si vous travaillez dans un milieu majoritairement occupé par des boomers, prenez l'habitude de louanger les gens dans leur dos. Les boomers sont les champions des rumeurs de corridor et, rapidement, vos propos flatteurs se rendront à destination. Finalement, feignez l'intérêt si ces collègues parlent de leur dernier achat ou du voyage qu'ils comptent bientôt faire en Grèce. Il ne faut pas qu'ils se soient endettés pour rien...

Avec la génération X

Pour mobiliser un membre de la génération X, vous insisterez sur le fait que vous lui faites confiance, et qu'il n'est pas question que vous lui appreniez comment faire son travail. Vous le ravirez avec des énoncés tels que « je te donne carte blanche », « fais-le à ta manière » ou « tu es payé pour produire des résultats et non pas pour passer ta vie ici ; n'oublie pas que tu as une vie à l'extérieur du travail. » Si vous devez travailler en équipe avec un X, demandez-lui quelle partie de la tâche il souhaite faire et exécutez l'autre partie. Ne pratiquez pas la microgestion avec lui; vous vous en feriez un ennemi pour longtemps.

Si vous devenez le patron d'un X, confiez-lui plus d'un mandat à la fois. Les membres de cette cohorte aiment sauter d'une tâche à l'autre (ils ont été les premiers, avant vous, à pouvoir clavarder, discuter au téléphone et terminer un travail urgent en même temps). Offrez-lui un équipement informatique à l'avant-garde en matière de performance et d'apparence. N'attendez pas la fin du trimestre avant de lui dire ce qu'il fait bien et ce qu'il fait moins bien. Prenez l'habitude de lui fournir régulièrement une rétroaction constructive. Offrez-lui un horaire plus flexible s'il a des enfants à la maison. Si vous devez lui imposer des heures supplémentaires, faites en sorte qu'elles se déroulent agréablement: commandez de la pizza, mettez de la musique... Pensez également à remercier le partenaire de vie de votre employé X s'il doit se taper le travail ménager trois jours de suite. Offrez ensuite au couple une récompense qui sera appréciée.

Votre message doit être clair: quand vous regardez un employé membre de la génération X, vous ne devez pas voir qu'un simple outil de production. Vous avez devant vous un être humain qui a bien d'autres choses à faire dans la vie que de travailler et qui ne sacrifiera pas les autres pans de son existence pour faire avancer sa carrière.

D'autres décisions que vous aurez à prendre

Il y a d'autres décisions qu'il vaut mieux prendre plus tôt que trop tard, des décisions qui exigeront que vous mettiez en jeu vos valeurs, mais qui auront un impact certain sur le reste de votre vie. Laissez-moi vous en présenter quatre.

1. Parlerez-vous français ou anglais ?

Nul ne peut prédire quel sera le paysage linguistique au Québec dans 20 ou 30 ans. Vaut-il la peine de conserver le fait français en Amérique du Nord ? Serez-vous davantage tenté par l'aventure anglophone ? Et si vous vous accrochez au français, est-ce que ce sera un français compris dans l'ensemble de la francophonie ou un dialecte propre au Québec ?

Vous avez grandi avec Internet. Vous trouvez tout aussi normal de parler anglais avec un Australien que de parler français avec un Belge. Vous vous percevez dans un premier temps comme un Québécois et dans un deuxième temps comme un citoyen du monde. Du français ou de l'anglais, duquel ferez-vous votre langue d'usage ?

Chose certaine, vous devrez maîtriser l'anglais. Il est difficile de se faire une place dans le monde moderne sans une bonne maîtrise de cette langue universelle. Mais faut-il pour autant laisser tomber le français, cette langue qui nous rend quasi uniques en Amérique du Nord ? Tout dépendra de vos objectifs personnels, de votre attachement à votre langue maternelle et de votre plan de carrière.

2. Resterez-vous au Québec ?

Cette question est délicate. C'est au Québec que la population vieillit le plus rapidement. C'est également la province canadienne dont la dette publique est la plus élevée. C'est aussi l'un des endroits en Amérique du Nord où le revenu per capita est le plus bas et où les citoyens sont les plus imposés.

Il est à prévoir que, d'ici 25 ans, le taux d'imposition devra être fortement augmenté parce qu'il n'y aura plus que 2 travailleurs pour chaque retraité. Qu'allez-vous faire ? Vous sacrifier ici ou quitter la province pour vous offrir une vie plus agréable ailleurs ? Il est envisageable qu'une partie des membres de votre cohorte générationnelle choisira l'exil, tandis que l'autre restera attachée au territoire. L'exode actuel des régions n'est peut-être qu'un prélude à une plus vaste hémorragie.

L'EXODE DES CERVEAUX

Par exode des cerveaux, nous entendons le phénomène qui fait que certaines personnes capables de faire la différence dans leur coin de pays décident néanmoins de le quitter parce qu'elles accéderont à un meilleur niveau de vie ailleurs.

Ce mouvement a jusqu'ici été marginal au Québec, les départs de nos diplômés étant largement compensés par l'arrivée d'immigrants scolarisés (sauf dans les professions médicales où d'importantes associations nuisent à leur intégration).

Mais que se passera-t-il quand le fardeau fiscal augmentera? En Guyane, pas moins de 83 % des diplômés universitaires ont quitté leur pays; en Jamaïque, on parle de 81 %; en Haïti, de 79 %. Les ressortissants de ces pays auront-ils nécessairement envie de venir faire vivre nos boomers vieillissants?

De plus, il faut savoir que nombre de villes mono-industrielles ne survivront pas à la conjoncture mondiale. En mai 2005, par exemple, Québec estimait qu'environ 200 municipalités étaient vulnérables face à l'état de l'économie mondiale des ressources. La production des biens se déplaçant vers l'Asie, de nombreuses entreprises perdront leur raison d'être (par exemple les cartonneries, puisqu'il ne sert pas à grand-chose de fabriquer du carton ici si les produits sont emballés en Chine). Les statistiques actuelles cachent ces tendances; le taux de chômage reste inchangé quand un emploi manufacturier (et bien rémunéré) est remplacé par un emploi rétribué au salaire minimum dans un commerce de détail.

3. Comment traiterez-vous vos parents ?

C'est là une question très délicate. Advenant que l'État ne soit pas en mesure de prendre soin de vos parents vieillissants, accepterez-vous de le faire ? Qu'est-ce qui guidera votre décision ?

À cause de la tension de réciprocité, vous vous baserez probablement sur une évaluation de ce que vos parents vous ont offert lorsque vous étiez jeune. À leur contact, aviez-vous l'impression de faire partie d'une communauté ou de déranger ? Vos parents vous ont-ils aidé dans les moments clés de votre existence, ou vous ont-ils mis dans une garderie d'État dès votre sixième mois et jusqu'à la maternelle pour ne pas avoir à vous supporter pendant que vous grandissiez ?

LA TENSION DE RÉCIPROCITÉ

C'est une émotion qui s'est développée chez l'être humain à mesure qu'il apprenait à vivre en groupe. Afin de ne pas être exclu du groupe, il valait mieux donner autant qu'on recevait. La personne qui ne partageait pas quand elle avait fait bonne chasse alors que les autres n'avaient rien attrapé se voyait rapidement rejetée. Les humains de notre époque ressentent cette émotion quand quelqu'un leur offre une chose qui a de la valeur pour eux, et ils s'en sentent libérés dès qu'ils s'acquittent de cette dette.

> Encore aujourd'hui, on fait naître cette tension chez l'enfant par sa socialisation («si tu ne prêtes pas tes jouets à Luc quand il vient jouer ici, il ne te prêtera pas les siens quand tu iras chez lui») ou de la religion («fais aux autres ce que tu voudrais qu'on te fasse»).

Vous n'avez pas à vous sentir coupable si vous ne vous occupez pas de parents qui vous ont négligé. Mais s'ils se sont bien occupés de vous, c'est autre chose. Avis aux parents qui liraient ces lignes...

4. Comment trouverez-vous le bonheur ?

J'ai conservé la question la plus importante pour la fin. Comment ferez-vous pour trouver le bonheur au cours de votre vie ? Nous avons déjà parlé de la course au bonheur instantané et de l'impact négatif qu'elle peut avoir sur l'individu. Mais comment peut-on remplir le vide d'une vie ?

La réponse à cette question diffère d'une personne à l'autre. Elle exige tout d'abord que vous appreniez à mieux vous connaître. Il vous faut découvrir vos traits de caractère. Je vous suggère la lecture de mon livre *52 jours pour réinventer ma vie* pour amorcer le processus.

Le Québec restera-t-il majoritairement francophone ? Se dépeuplera-t-il ? Comment y seront traités les boomers vieillissants ? Comment les Québécois réussiront-ils à trouver le bonheur ? Très bientôt, ces questions reposeront sur vos seules épaules.

Chapitre 6

Faut-il haïr les boomers ?

Laissez-moi répondre à cette question en en posant une autre : devriez-vous haïr un chien qui est devenu méchant à la suite de mauvais traitements reçus chez ses anciens maîtres ? Vous répondrez probablement par la négative à cette question. Vous direz que le chien n'est pas responsable de ce qu'il est devenu, mais que vous ferez en sorte d'éviter qu'il se retrouve dans des situations où il pourrait vous nuire ou nuire aux autres. Vous choisiriez la prévention et non la haine.

C'est ce que je vous propose à l'égard des boomers. Dans ce chapitre, nous tenterons de mieux comprendre pourquoi il importe de s'assurer qu'ils ne nuisent pas trop aux autres cohortes générationnelles.

La croissance économique

Les boomers sont nés au cours d'une période de croissance économique inégalée dans l'histoire humaine. Les années 1945 à 1975, souvent appelées « les trente glorieuses », ont vu le PIB de toute l'Amérique du Nord presque doubler à chaque décennie. C'est donc dire que les personnes nées en 1940 n'ont connu, à peu de chose près, que des années de croissance économique jusqu'à leur 35e anniversaire. Il est donc tout à fait normal qu'elles se soient dit que cette croissance était naturelle et qu'elle se maintiendrait.

C'est d'autant plus vrai que leurs parents, qui avaient peut-être traversé la grande dépression et qui connaissaient maintenant une période d'abondance à laquelle ils n'avaient jamais osé rêver, se promettaient bien que leurs enfants pourraient profiter de tout ce dont ils avaient été privés dans leur existence. Les boomers savent qu'ils ont été gâtés, mais ils ne se sont jamais sentis privilégiés. Dans leur esprit, et particulièrement dans celui des membres de la cohorte des boomers idéalistes, cela était parfaitement normal et allait de soi.

C'est que les gens sont myopes. Il est tentant de penser que les années précédant sa naissance font maintenant partie de la préhistoire et que les tendances qu'on observe depuis qu'on a ouvert les yeux sur le monde se maintiendront pour toujours. Il ne faut donc pas lancer la pierre aux boomers pour cela. Il va sans dire, cependant, qu'une telle vision comporte des effets pervers.

- *La croissance économique associée à une croissance immodérée de l'État entraîne de l'inflation.* Or, dans une économie caractérisée par cette dernière, il devient tentant de recourir systématiquement au crédit pour acheter un bien dont le prix augmentera forcément si l'on attend davantage pour l'acheter.

- *Le besoin de se sentir riche encourage les gens à vivre au-dessus de leurs moyens.* À quoi bon s'empêcher de profiter de la vie aujourd'hui si on sait que son salaire sera majoré de 12 % l'an prochain ? Autant se payer la traite tout de suite et payer la facture l'an prochain, quand la fameuse augmentation tant attendue se sera concrétisée. Si les politiciens l'adoptent, cette attitude stimule la mise sur pied de programmes sociaux dont on ne peut, comme collectivité, supporter les coûts. Mais les politiciens soutiendront qu'on pourra les financer à mesure que croît l'économie.

VOUS RAPPELEZ-VOUS NORTEL?

Le même sentiment a dicté le comportement des investisseurs à la fin des années 90. À ce moment, la valeur des actions de Nortel augmentait tellement vite que bien des gens ont hypothéqué leur maison pour se les procurer. À quoi bon passer à côté d'une telle occasion de faire fortune? Il valait mieux s'endetter pour s'enrichir plus tard. Il valait mieux acheter son mobilier à crédit pour pouvoir investir ses économies dans un placement qui rapporterait bien plus que le coût des intérêts.

En fait, la majorité des investisseurs ne pouvaient pas imaginer que le cours des actions de Nortel cesserait un jour de grimper. Bien des gens ont même augmenté leur train de vie en escomptant les profits qu'ils faisaient chaque jour sur papier. Le graphique suivant illustre ce qui s'est passé par la suite. Le cours de l'action s'est effondré. Adieu veau, vache, cochon, couvée…

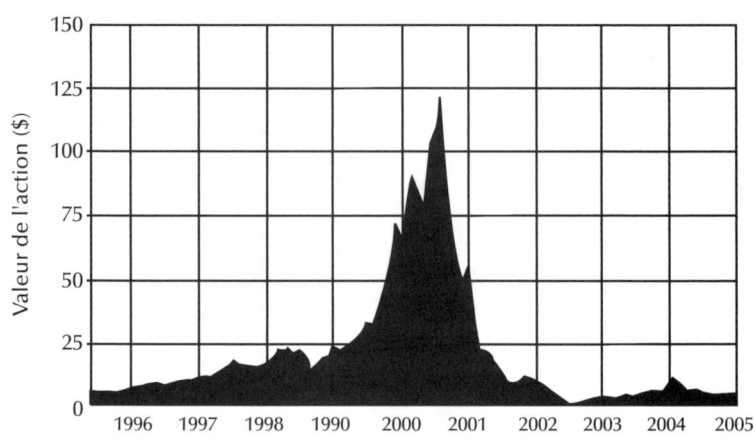

Bref, une cohorte générationnelle adopte des comportements différents quand elle a le sentiment que la croissance économique perdurera et qu'elle ne ressent pas d'inquiétude face à l'avenir.

Le sentiment d'invincibilité

En plus de grandir dans un univers caractérisé par une croissance économique qui, selon la majorité, ne s'arrêterait jamais, les boomers idéalistes ont également connu dans leur jeunesse une société qui repoussait chaque jour les limites de l'intervention humaine. À leurs yeux, il n'y avait en fait plus d'obstacles auxquels une société solidaire ne pouvait s'attaquer. Dans leur enthousiasme collectif, ils en sont même venus à confondre ce qui était idéal et ce qui était réel.

Il faut dire qu'ils avaient raison d'être optimistes. Après tout, la science était venue à bout de la polio et, pour eux, elle viendrait probablement à bout de toutes les maladies dans un proche avenir. La génération montante avait prouvé qu'elle pouvait abolir les injustices sociales, du moins au chapitre de la ségrégation raciale, et les mouvements féministes avaient obtenu le droit de vote pour les femmes. Il ne faisait aucun doute que les autres injustices seraient également abolies dans cette société nouvelle. D'autant plus que, en ce moment où les boomers idéalistes approchaient de l'adolescence, deux institutions s'engageaient aussi dans la voie du progrès accéléré.

Les grandes sociétés

N'ayant pas à se préoccuper de la concurrence étrangère (la guerre avait laissé l'Europe et une partie de l'Asie en ruines), les sociétés nord-américaines vivaient des années en or. Leurs dirigeants ne s'en faisaient pas si les coûts de production augmentaient rapidement d'année en année : en l'absence de concurrence véritable, il suffisait d'augmenter les prix une fois par année, et les résultats financiers n'en souffraient pas trop.

De plus, la main-d'œuvre étant relativement jeune, il n'était pas trop dérangeant pour ces sociétés de mettre sur pied de généreux régimes de retraite. La croissance permettrait d'assumer les coûts de ceux-ci au moment opportun. Les effets de cette insouciance commencent aujourd'hui à se faire sentir. Par exemple, au moment où j'écris ces lignes, les actions de la compagnie General Motors viennent d'être déclassées au rang d'actions de pacotille parce que cette société ne peut plus faire face aux obligations qu'elle a contractées en matière de santé et de régimes de retraite.

L'État

Les politiciens traditionalistes ayant auparavant adopté des politiques keynésiennes, ceux en place à cette époque savaient qu'ils devaient profiter de l'actuelle croissance pour rembourser les dettes passées et juguler l'inflation. Mais la promesse de nouvelles richesses à venir rendait cette option bien futile à leurs yeux. Plutôt, pourquoi ne pas se lancer dans des quêtes qui leur permettraient d'être réélus et dont le financement viendrait des impôts que générerait inévitablement la croissance future ? Tout était alors possible. L'État garantirait à tous une retraite dorée et la gratuité des services de santé sans égard aux revenus de chacun. Il fallait également déclarer la guerre à la pauvreté et s'immiscer dans tous les secteurs où la moindre injustice était détectable. Il n'y aurait bientôt plus d'injustices dans le monde civilisé.

Le message était simple : votre avenir sera sûr si vous le confiez aux entreprises et à l'État. Contentez-vous d'apprécier la vie. Vous n'avez plus à économiser pour l'avenir ; nous nous occupons de tout. Et faites-le-nous savoir si nous avons oublié un besoin particulier ou si nous avons négligé un groupe d'intérêt particulier... Si vous vous entêtez à demeurer dans une région où il n'y a pas d'emploi ou dans laquelle vous ne pouvez travailler que quelques jours par année, l'État vous permettra de subsister le reste de l'année. Ne vous en faites pas non plus si vous choisissez d'étudier dans un domaine où il n'y a pas d'emploi. Nous prendrons soin de vous.

Les gourous de l'époque promettaient même, pour l'an 2000, une société des loisirs où la production serait assurée par des machines et où l'être humain n'aurait plus qu'à profiter des avantages apportés par le progrès. Il ne serait bientôt même plus nécessaire de marcher : des trottoirs mécaniques allaient bientôt nous éviter cette dépense d'énergie.

LA MACHINE À VOYAGER DANS LE TEMPS

Avez-vous vu ce film de 1960 mettant en vedette Rod Taylor ? Un scientifique conçoit une machine à voyager dans le temps qui lui permet de se rendre dans le futur et de constater que les rêves des bien-pensants de l'époque ont été réalisés. Les gens n'ont plus à travailler pour survivre. Il n'y a plus de guerre. Il n'y a plus de maladie. C'est le retour au paradis terrestre.

Il y a cependant un hic : la race humaine est devenue du bétail et elle sert de nourriture aux Morlocks ! Se pourrait-il que le paradis ne soit qu'un leurre ? Se pourrait-il qu'une société en vienne à mettre son avenir en jeu en confondant utopie et possibilité ?

La vie sécuritaire en plastique

Ainsi donc, tout était réglé. Les entreprises prendraient dorénavant leurs employés à leur charge. La science soignerait tous les maux et permettrait de continuer à combler tous les besoins (combien de fois n'a-t-on pas entendu, à l'époque, qu'il ne fallait pas se soucier de la pollution parce que, tôt ou tard, les scientifiques trouveraient le moyen d'en supprimer les impacts négatifs ?). Et pour tous les autres besoins, on pouvait compter sur l'État.

Que restait-il au citoyen pour occuper ses journées s'il n'était plus nécessaire de préparer l'avenir ? Le temps était pour lui venu de profiter de la vie et de prouver sa valeur relative en affichant autant de signes de réussite que ses collègues et ses voisins.

Et les boomers se sont payé la traite! D'autant plus que la carte de crédit leur permettait maintenant, à l'instar de ce qui se pratiquait à l'échelle de l'État, d'acheter tout de suite et de payer plus tard.

Bien entendu, le solde affiché sur leur relevé de compte mensuel augmentait mois après mois. Mais, pour deux raisons, ils arrivaient aisément à vivre avec cette épée de Damoclès suspendue au-dessus de leurs têtes.

1. *Ils comptaient sur une augmentation de salaire prochaine.* Année après année, des augmentations de salaire leur semblaient garanties puisque justifiées par l'inflation. Peu importait qu'il s'agissait en fait d'une piètre gestion par les sociétés nord-américaines (nous verrons plus loin que ces augmentations n'étaient souvent même pas liées au rendement des employés). Les boomers se disaient donc qu'ils seraient en mesure de liquider leurs dettes dès la prochaine augmentation salariale alors que, dans les faits, celle-ci leur permettrait plutôt de faire augmenter leur marge de crédit, les poussant à contracter de nouvelles dettes.

2. *Ils avaient un héritage en vue.* De plus, les boomers savaient que leurs parents, qui avaient traversé la grande dépression ou connu le rationnement imposé pendant la Seconde Guerre mondiale, ne s'étaient pas laissé séduire par le crédit. Ceux-ci possédaient des actifs qui pourraient aisément sortir leurs enfants de leur gouffre financier au moment de recevoir leur legs. Alors, pourquoi les petits se seraient-ils privés?

> **LES NOUVEAUX PRODUITS FINANCIERS**
>
> Et ce n'est pas fini! Connaissez-vous le dernier produit financier à la mode chez les boomers capables de se l'offrir? Une assurance vie sur la valeur de laquelle on peut emprunter. Ainsi, une personne peut maintenant contracter une assurance vie de 1 000 000 $ et emprunter cette somme de son vivant, échelonnée sur un certain nombre d'années. Puis, à son décès, le produit de l'assurance vie sert à rembourser l'emprunt.
>
> Et que reste-t-il aux héritiers? Rien. Les boomers constituent la première (et probablement la dernière) génération à avoir été en mesure de dépenser tant le patrimoine de la génération précédente que ses gains de vie active, sans rien laisser à ses descendants.

Remarquez que l'exemple venait de haut. Si les boomers, individuellement, n'auront souvent rien laissé à leurs descendants, l'ensemble de la cohorte aura rejeté une étouffante dette publique sur les épaules de ses enfants. En effet, les politiciens de leur époque créaient de nouveaux programmes plutôt que de s'attaquer au problème grandissant de la dette, et ce, dès qu'ils disposaient d'un nouveau surplus budgétaire. Et on se demande aujourd'hui pourquoi les politiciens sont jugés si peu crédibles...

Et si ce n'était que du vent?

Tout allait tellement bien avant qu'arrivent le premier choc pétrolier et les premières rationalisations, restructurations ou réingénieries. Pour les boomers, l'édifice sur lequel ils avaient fondé leur vie semblait devoir s'affaisser; la croissance considérée comme éternelle paraissait sur le point de s'arrêter. Leurs doutes se sont confirmés depuis. Se pourrait-il que tout cela n'ait été que du vent? Comment les boomers pouvaient-ils continuer à profiter de la vie si toutes ces prémisses avaient été fausses? Il leur fallait protéger leurs acquis. Du coup, l'individualisme qui les caractérisait s'est mué en égoïsme générationnel. Ils avaient besoin de conserver leurs acquis, quitte à laisser les générations suivantes en assumer les coûts.

Les chantres de cette génération ont alors sorti leurs violons et ont débité de nouvelles inepties: il y avait de bonnes et de mauvaises dettes. La dette du Québec était bonne. Les valeurs devaient primer sur les réalités économiques. Il fallait préserver le sentiment de sécurité acquis au cours des dernières années même si celui-ci nuisait à l'avenir de la nation à moyen et à long terme. Il était de bon ton de continuer à endetter la province parce que «l'argent est à Ottawa» et que, tôt ou tard, «nous mettrons la main dessus et pourrons ainsi régler nos problèmes financiers». Cette dernière affirmation éveille-t-elle en vous une impression de déjà-vu?

Les boomers savent aujourd'hui que leur rêve était utopique, mais ils continuent à le caresser. On ne peut plus se fier à la croissance pour éponger les gaspillages d'antan. On ne pourra bientôt plus emprunter afin de continuer à faire miroiter le mirage d'une nation au sein de laquelle on suppose que les idéaux de chaque groupe de pression doivent être considérés comme des droits.

Pourtant, l'industrie nord-américaine n'est plus seule dans la course, et les engagements qu'elle a pris risquent de lui faire perdre encore plus de terrain au cours des prochaines années. Quant à l'État, il doit maintenant sacrifier ses missions fondamentales et maintenir en place des programmes qui ne poursuivent plus l'objectif qu'ils visaient à l'origine (sécurité des citoyens, protection des plus démunis, etc.). Pourquoi pensez-vous qu'on est maintenant si laxiste au chapitre des libérations conditionnelles ? Un récent rapport commandé par le gouvernement du Québec concluait même que la construction de nouveaux pénitenciers ne serait pas nécessaire si l'on augmentait le nombre de libérations conditionnelles. L'argent nécessaire au maintien d'un bon système carcéral a été détourné vers des programmes électoralistes.

Que peuvent maintenant faire les boomers ? Continuer comme si tout allait bien en espérant secrètement mourir avant que tout s'écroule, ou accepter dès maintenant de reconfigurer notre société pour permettre aux générations suivantes de s'épanouir ? Avant de répondre à cette question, il convient d'étudier les effets pernicieux de la sécurité sur la compétitivité d'une organisation.

La courbe de Judith

J'aimerais vous présenter un graphique que j'ai découvert dans *Danger in the Comfort Zone*, un livre de Judith M. Bardwick. L'auteure y établit un lien clair entre la capacité concurrentielle d'une organisation (et, par extension, d'une société) et le sentiment de sécurité de ses membres.

Voici cette fameuse courbe normale que j'ai familièrement appelée « la courbe de Judith ».

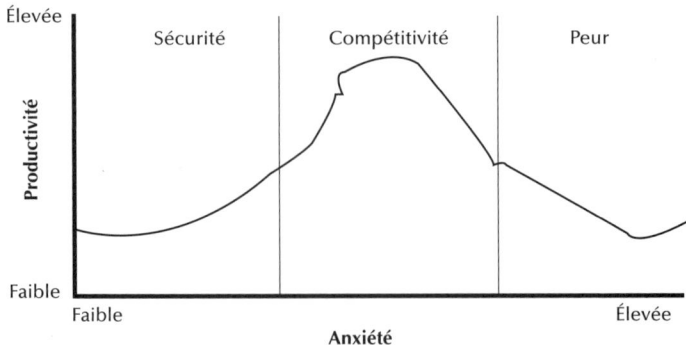

La zone de sécurité

C'est la zone dans laquelle se trouvent présentement de nombreuses entreprises, telles que General Motors et plusieurs bureaucraties gouvernementales. Avant de présenter les effets prévisibles d'une occupation de cette zone par une grande partie des employés ou des citoyens, demandons-nous comment, petit à petit, quelqu'un a pu s'y retrouver.

> **UNE EXPÉRIENCE PERSONNELLE**
>
> Je n'avais pas prévu écrire ce livre. L'idée m'en est venue au retour d'une conférence sur la gestion du temps que je venais d'animer dans une importante société d'État du Québec. J'en étais à présenter la nécessité de prioriser les activités quotidiennes et de bien organiser son temps quand j'ai demandé aux gens qui participaient à la conférence quelles conséquences pouvait entraîner pour eux le fait de perdre leur temps pendant une bonne partie de leur journée. «Aucune», a avancé un premier cadre.

> Devant mon air surpris, il a ajouté que ses collègues et lui n'avaient rien à craindre parce qu'ils jouissaient de la sécurité d'emploi. « On peut perdre notre temps tant qu'on veut. Les superviseurs ne peuvent rien contre nous. » Je suis revenu un peu sonné de cette conférence, et c'est le soir même que j'ai décidé de ne plus jamais travailler pour cette société d'État. Dans l'esprit des gens avec qui j'avais parlé, il n'était plus nécessaire de s'investir dans leur travail : personne ne pouvait sévir contre eux. Ils avaient gagné et il ne leur restait qu'à attendre la retraite. Et tant pis pour l'employeur et l'ensemble de la société.
>
> Les questions se bousculaient dans ma tête. Quel impact cela pouvait-il avoir sur la productivité de leur service ? Cette manière de penser était-elle présente dans toute la société d'État ? Était-elle présente dans toute la société québécoise ?

Il est agréable pour une organisation, tant du secteur privé que du secteur public, de vivre dans le faste, sans une trop grande concurrence. Il suffit d'augmenter les prix (ou les impôts) si l'on s'est trompé lors de la planification financière et on atteint tout de même ses objectifs. Comment se fait-il alors que ces organisations soient moins productives que les autres ?

Tout simplement parce qu'une certaine complaisance s'installe rapidement et qu'on en vient à cesser d'évaluer le travail des gens pour mieux leur garantir la tranquillité d'esprit. En fait, une organisation qui se sent trop riche devient souvent trop généreuse : en offrant à ses membres ce qu'ils réclament sans demander quoi que ce soit en retour, on fait en sorte qu'ils considèrent ce qu'ils reçoivent comme autant de droits acquis. Ces gens en viennent à penser que de tels avantages leur sont dus, non pas à cause de ce qu'ils font, mais bien en raison de ce qu'ils sont.

Plusieurs indices permettent de déceler ces organisations.

- *Les gens ne se sentent pas obligés de contribuer.* Après tout, comme ils se plaisent à le répéter, ils ont suffisamment contribué et l'employeur (ou l'État) le leur doit bien. Dans ces organisations, les meilleurs salaires vont aux gens qui ont le plus d'ancienneté plutôt qu'à ceux qui sont les plus productifs.

> **PARLONS DE FISCALITÉ**
>
> Au Québec, plus de 40% des contribuables ne paient pas d'impôts mais profitent des nombreux programmes et services offerts par l'État. Ressentent-ils pour autant de la gratitude envers la société, ou considèrent-ils que ces services sont gratuits et qu'on les leur doit? Posez la question à quelques personnes pour voir.

- *Les augmentations de salaires sont offertes sans égard à la performance.* Elles sont en fait accordées également à tous, qu'ils s'investissent ou non dans leur travail, pour autant qu'ils ne commettent pas d'actes susceptibles de les faire mettre à la porte. C'est la raison pour laquelle, dans ces organisations, on multiplie les comités qui ne prendront pas de décisions, on protège ses arrières et on fait semblant d'être occupé même si, dans les faits, notre travail ne contribue pas du tout à la mission première de l'organisation.

> **TOUT LE MONDE ÉGAL !**
>
> Saviez-vous qu'un entrepreneur de construction ne peut offrir un avantage salarial ou une prime à un employé particulièrement productif ? Ce serait une entorse à la convention collective. Tous doivent être traités de la même manière, du plus productif au plus traîne-savate.

Les membres de ces organisations développent souvent une attitude ambivalente à leur égard. De nombreuses personnes occupent des emplois qui ne sont pas faits pour elles, mais les gardent en raison des avantages (régime de retraite, sécurité d'emploi, etc.) qui leur sont consentis. Ces personnes n'aiment pas ce lien de dépendance, mais elles apprécient la sécurité qui va de pair avec cette captivité. Avec le temps, pour compenser leurs sentiments négatifs, elles en viennent à nourrir du ressentiment à l'endroit de l'organisation, à annuler leur contribution à celle-ci en réduisant leur productivité ou en la volant.

Les gens qui évoluent dans un État ou une organisation qui leur accorde la sécurité affichent un faible esprit entrepreneurial ou intrapreneurial. À quoi bon se lancer en affaires si l'on a la sécurité d'emploi et un bon salaire ? Ne vaut-il pas mieux rester prisonnier d'un emploi qui offre de tels avantages ? Il existe de nombreuses régions au Québec où des enfants ont grandi en se faisant dire que réussir dans la vie, c'est entrer au service d'une multinationale et obtenir sa permanence. Peut-on se surprendre qu'il y ait moins d'entrepreneurs dans notre province ? Or, le taux d'entrepreneuriat ou d'intrapreneuriat est lié à la prospérité d'une région…

> **UN ESPRIT INTRAPRENEURIAL**
>
> Les gens qui se lancent en affaires ne le font pas tous en disant «Bye-bye, boss!» Il arrive que des employés soumettent des projets d'entreprise à leur employeur, lequel décide de les soutenir financièrement. Les employés à l'origine des projets les prennent alors en main. Ils deviennent donc des entrepreneurs, tout en continuant à travailler dans une entreprise. Ce sont des intrapreneurs.

Les gens qui évoluent dans un État ou une organisation qui leur accorde la sécurité sans rien demander en retour finissent par croire que cette sécurité leur est due. En conséquence, à intervalles réguliers, ils exigent qu'on leur en garantisse encore plus.

Les gens qui se trouvent dans cette zone de la courbe de Judith sont-ils conscients que la croissance prévue pour les années que nous vivons n'est pas et ne sera pas au rendez-vous? Savent-ils que les services maintenant offerts hypothèquent le niveau de vie des générations suivantes? Comprennent-ils que la concurrence est maintenant planétaire et que l'entreprise qui semblait hier invulnérable pourrait s'avérer être un colosse aux pieds d'argile? Ils sont bien souvent au fait de tout cela, mais ils s'accrochent à leurs privilèges parce que ceux-ci sont maintenant devenus à leurs yeux des droits.

La zone de compétitivité

Les gens qui se trouvent dans cette zone sont plus productifs parce qu'ils se sont rendu compte que leur avenir et celui de leur organisation (ou de la société dans laquelle ils évoluent) sont intimement liés. Dans ces organisations, les gens n'attendent pas qu'on leur dise quoi faire, ils prennent l'initiative. Ils ne sont pas là pour «faire des heures», mais pour produire des résultats. Ils ont à cœur le succès de leur organisation parce qu'ils savent que c'est uniquement si celle-ci parvient à être concurrentielle et à créer de la richesse qu'ils pourront profiter d'une partie de ces gains.

Il y a de plus en plus d'entreprises québécoises qui choisissent la voie de la compétitivité. De nombreuses conventions collectives ont été rouvertes au cours des dernières années afin de rendre les entreprises plus concurrentielles. Cela n'est malheureusement pas encore le cas, apparemment, dans le secteur public.

En ce qui concerne l'État, trop de gens continuent de penser que notre province est riche et qu'on peut exiger davantage d'année en année sans pour autant faire sa part. Les privilèges (ou énoncés utopistes) sont souvent des vaches sacrées devenus des droits.

LE GAGNANT RAMASSE TOUT
(*THE WINNER TAKES IT ALL* – ABBA)

Un danger guette les entreprises qui ont pris le virage de la compétitivité. Dans trop d'organisations, l'écart entre ce qu'empochent les dirigeants et ce qu'obtiennent les employés reste injustifiable. Tant que ce rapport ne sera pas plus raisonnable, il sera difficile de demander davantage aux membres de ces organisations.

La zone de la peur

Quand une organisation qui a vécu dans le faste et qui a trop promis à ses membres traverse une crise sans que ses membres ressentent le moindre besoin de prendre le virage de la compétitivité, elle se retrouve dans la zone de la peur. À ce moment, tous s'accrochent à leurs acquis et refusent le moindre changement, même si celui-ci pourrait permettre de sauver l'organisation. C'est ce à quoi ont assisté les partisans des équipes de hockey lors du conflit de travail qui a provoqué l'annulation de la saison 2004-2005 de la LNH.

Parce qu'ils redoutent de faire partie des membres qui seront sacrifiés, ces gens cessent d'être productifs et songent plutôt à « protéger leurs fesses ». Ils cessent de prendre des risques (si tant est qu'ils en prenaient) et se mettent à protéger encore plus leurs arrières. Ils exigent des améliorations à la sécurité d'emploi (par exemple, l'assurance qu'il n'y aura pas de sous-traitance) qui pourraient précipiter le déclin de l'organisation. Pis encore, ils annoncent souvent qu'ils ont choisi la voie de l'affrontement plutôt que celle de la concertation.

S'il n'y a que des gestionnaires à la petite semaine en place et qu'aucun leader n'est disponible, la peur mène à la paralysie organisationnelle. Plus rien ne se décide, car on craint de commettre une erreur ou de s'attirer les foudres d'un groupe de commettants.

UN MOMENT DE RÉFLEXION

Dans quelle zone vous trouvez-vous actuellement en tant que travailleur? Dans quelle zone vous situez-vous actuellement en tant que citoyen?

Et maintenant ?

Voilà donc ce qui se passe dans la tête des boomers. Voilà donc comment ils sont devenus ce qu'ils sont maintenant. Ont-ils seulement envie de faire quelque chose pour éviter que les générations qui les suivent frappent un mur ? Clairement, ils ont vécu un beau moment de l'histoire, mais ils n'en ont conçu aucun sentiment de gratitude. Que pourraient-ils faire personnellement pour sauver la mise ? Que devrait faire l'État ?

Je n'ai pas les réponses à ces questions. Mais j'aimerais connaître le fruit de vos réflexions. Qu'en est-il dans votre organisation ? Qu'en est-il dans votre vie ? Comment se fait-il que les Québécois aient à ce point perdu foi dans l'avenir qu'ils ont même cessé de se reproduire ?

J'attends vos réponses dans mon forum de discussion. Pour y accéder, rendez-vous sur www.alainsamson.net, cliquez sur **Forum** puis sur **Générations.** Vos commentaires se retrouveront peut-être dans un nouveau livre portant sur le « bonheur national brut »... J'attends aussi les commentaires des membres de toutes les autres cohortes générationnelles.

Chapitre 7

Redéfinir l'État ?

Que faut-il pour que les membres d'une société soient heureux ? pour qu'ils se sentent fiers d'appartenir à une communauté ? pour qu'ils aient envie de contribuer au bien commun ? Voilà autant de questions qui devraient retenir l'attention de toute personne soucieuse de notre avenir collectif.

Car un gouvernement peut-il être légitime s'il ne base pas toutes ses décisions sur le désir de rendre la population plus heureuse ? Pourtant, les politiciens des générations précédentes ont souvent gouverné en fonction de prémisses qui ne sont pas de nature à faire croître le bonheur des citoyens. Commençons par en dresser la liste. Nous nous demanderons ensuite ce qui doit guider la redéfinition de l'État.

> **PENDANT CE TEMPS, AU CANADA**
>
> Malheureusement, les recherches sur le bonheur menées à l'échelle mondiale ont rarement porté spécifiquement sur le Québec. Pour les chercheurs, c'est le Canada qui constitue l'unité géographique à analyser. Voici tout de même les résultats d'une recherche récente (The Gallup Poll Monthly, juin 1995, cité dans *The Good Life and Its Discontents*).
>
> On a demandé à des Canadiens s'ils croyaient vivre dans un monde meilleur ou pire que celui dans lequel avaient vécu leurs parents ; 46 % ont répondu que le monde actuel était pire et 35 %, qu'il était meilleur. Le sentiment d'anxiété à propos de l'avenir est bien réel.
>
> On a ensuite demandé aux mêmes personnes si elles pensaient que la prochaine génération vivrait mieux qu'elles ; 64 % ont répondu par la négative. Le sondage a été effectué en 1995.

Les vieux paradigmes

Qu'est-ce qu'un paradigme ? C'est une hypothèse à laquelle on croit tellement qu'on n'ose pas la remettre en question et de laquelle on se sert quand arrive le temps de prendre une décision. Voyons les cinq principaux paradigmes qui ont animé notre classe politique au cours des dernières années.

1. Il faut miser sur la croissance économique pour que le peuple soit heureux

Selon les tenants de cette théorie, il y aurait une forte corrélation entre le degré de bonheur qu'éprouvent les citoyens et la croissance du produit intérieur brut (PIB) de l'État. Un bon gouvernement est donc un gouvernement qui fait de la croissance son principal objectif. Avouez que cela paraît raisonnable à première vue. Pourtant, pour de nombreuses raisons, cette hypothèse ne semble pas fondée.

Premièrement, la croissance économique ne garantit pas le bonheur parce que les gens disposent d'une grande faculté d'adaptation. Si la hausse de mes revenus me permet de vous offrir une augmentation de salaire, vous aurez l'impression d'être plus heureux, mais cette impression ne durera qu'une semaine, deux au mieux. Passé ce temps, vous vous serez habitué à ce nouveau revenu et votre sentiment de bonheur accru s'évaporera.

À QUAND REMONTE VOTRE DERNIÈRE GRIPPE?

Il en va de même de votre sentiment de bonheur quand vous vous relevez d'une vilaine grippe. À ce moment, le simple fait de ne plus brûler de fièvre, de ne plus tousser et de ne plus vous promener avec un nez bouché vous rend subitement plus heureux. Mais, deux semaines plus tard, vous oubliez que vous êtes en santé et tenez cet état pour acquis.

Deuxièmement, la croissance ne garantit pas le bonheur parce que ses fruits ne sont pas distribués équitablement. Par exemple, il y a 20 ans, les meilleurs joueurs d'une équipe professionnelle gagnaient tous à peu près le même salaire. Aujourd'hui, le joueur-vedette gagne 10 fois plus que ses pairs. Comment voulez-vous que ceux-ci aient l'impression d'être rémunérés de façon équitable ? C'est la raison pour laquelle vous voyez des joueurs attribuer leur faible performance au fait qu'ils ne gagnent que 400 000 ou 500 000 $ par an...

Il en va de même pour les sociétés. Alors qu'il fut un temps où les dirigeants gagnaient 13 fois plus que les employés, il n'est maintenant pas rare qu'ils gagnent 100 fois plus que ceux qui se trouvent aux niveaux inférieurs de l'organigramme. La croissance ne peut rendre les citoyens plus heureux si elle ne fait qu'augmenter les écarts entre les membres d'une organisation.

Troisièmement, la croissance ne garantit pas le bonheur parce que ses fruits sont souvent détournés pour favoriser la croissance de l'État. Si les citoyens se retrouvent soudainement plus riches, les politiciens en profitent souvent pour faire grimper les tarifs ou créer de nouveaux programmes qui, en définitive, privent les citoyens des fruits de cette fameuse croissance.

Quatrièmement, la croissance sert souvent à payer des dépenses qui ont déjà été engagées parce que, justement, les politiciens ont déjà endetté l'État en comptant sur cette dernière. Dans ce cas, l'augmentation des revenus de l'État a le même effet que la majoration des salaires puisqu'elle est affectée à l'avance au remboursement de dépenses faites à crédit. Elle vient simplement nous rappeler qu'on a vécu au-dessus de nos moyens et qu'il est maintenant temps de payer la note.

2. Les citoyens sont imbéciles

« Les citoyens sont trop imbéciles pour prendre des décisions éclairées : conséquemment, il est tout à fait normal de leur promettre la lune pour se faire réélire. »

Cet énoncé vous surprend-il ? Il illustre malheureusement ce que pensent plusieurs politiciens des vieilles générations. À leur décharge, il faut l'avouer, ils n'ont pas toujours tort. Les boomers aiment bien se raconter des histoires. Ils aiment croire que le produit qu'ils achètent maintenant et qu'ils paieront plus tard, supposément sans intérêt, constitue une véritable aubaine. Ils ne veulent pas admettre que le coût de cette promotion est inclus dans le prix qu'ils paient. Non, à les écouter, le marchand accepte réellement de prendre les intérêts à sa charge... Vous, le croyez-vous vraiment ?

Il est vrai qu'une bonne proportion de l'électorat peut être achetée avec des promesses électorales. Mais qu'en est-il de vous ? Ces artifices sont-ils encore efficaces quand vous devez exercer votre devoir de citoyen ? Rappelez-vous que l'argent qu'on vous promet durant une campagne électorale, c'est dans votre poche (ou dans la poche des générations à venir) qu'on va le prendre. Les boomers semblent l'avoir oublié...

3. L'État doit garantir l'égalité des résultats à tous

À plusieurs reprises déjà, nous avons traité de cette utopie qui ne peut se réaliser qu'au moyen du nivellement par le bas. Avant de continuer votre lecture, prenez un instant pour répondre franchement aux questions suivantes :

- Aimeriez-vous que tous obtiennent leur diplôme d'études secondaires (ou collégiales ou universitaires) et que, pour y arriver, on en vienne à réduire les exigences liées à l'admission à ce grade? Revendiquez-vous le droit au diplôme pour tous?

- Aimeriez-vous que tous doivent attendre un an avant de pouvoir passer un examen médical urgent, et ce afin qu'on puisse affirmer que tous sont égaux dans le système de santé?

- Aimeriez-vous que tous bénéficient du même revenu, sans égard au fait que certains soient des travailleurs et d'autres non, et sans égard à la lourdeur des engagements financiers ou des responsabilités familiales de chacun?

- Accepteriez-vous d'interdire l'apprentissage d'une langue seconde à certains élèves afin de ne pas dévaloriser ceux qui sont incapables de l'apprendre?

L'État idéal ne peut pas garantir l'égalité des résultats à tous. Ce n'est pas sa mission et ça ne l'a jamais été. La mission de l'État consiste à offrir l'égalité des chances au début de la course. Il doit donc offrir l'égalité des opportunités. Tous doivent avoir la chance de s'accomplir ou d'apprendre, mais c'est le talent et l'effort de chacun qui feront que certains réussiront et que d'autres abandonneront la course avant la fin.

Or, que voyons-nous actuellement? Des classes où les étudiants doués doivent ronger leur frein pendant que le professeur perd du temps avec les étudiants plus faibles qui devraient normalement être dans une autre classe. On a confondu l'égalité des opportunités (tous doivent avoir accès à l'école) avec l'égalité des résultats (tous doivent réussir leurs études). Parlez-en aux profs…

4. Une nation forte repose sur le principe de l'universalité

Cette idée selon laquelle tout le monde devrait être traité de la même manière a donné lieu à des pratiques qui peuvent aujourd'hui être remises en question. Voyons-en quelques exemples.

Tous ont droit aux prestations pour aînées. Comment se fait-il que les personnes âgées à l'aise aient droit à une pension dont elles n'ont vraisemblablement pas besoin alors que celles qui sont vraiment dans le besoin reçoivent des prestations qui ne font que les maintenir dans la misère ? Ne vaudrait-il pas mieux offrir à chacun une prestation liée à ses besoins financiers au lieu d'y aller à l'aveuglette ?

Tous ont droit à une éducation presque gratuite. Pourquoi les gens qui en ont les moyens ne supporteraient-ils pas le coût réel de leurs études afin que ceux qui n'ont pas les goussets aussi bien remplis puissent être aidés financièrement ?

Tous ont droit à un système de garderies unique. Le modèle actuellement en place ne peut satisfaire les gens qui doivent composer avec des horaires atypiques. Pourquoi offrir la même formule « mur à mur » ?

Tous ont droit à l'accès gratuit aux services de santé. Et si on demandait à ceux qui en ont les moyens de contribuer un peu à leur financement ? Serait-ce un crime ?

Le salaire minimum doit être le même à la grandeur du territoire. Et si le salaire minimum était moindre en région, où le coût de la vie est justement plus bas ? Peut-être arriverions-nous à y attirer des entreprises qui n'ont pour l'instant aucun intérêt à s'y établir.

L'universalité poussée à l'extrême est aussi injuste que l'arbitraire érigé en principe. C'est encore plus vrai dans une société dont l'ambition dépasse les moyens.

5. Le gouvernement est générateur de richesse

Par ses interventions, le gouvernement peut-il générer de la richesse ? Est-ce là sa mission ? En est-il seulement capable ? Voilà un mythe qui a longtemps été à la base des interventions de l'État. Mais sur quoi repose-t-il si ce n'est sur l'électoralisme ?

On a récemment vu, dans le cas du dossier de la Gaspésia, que les efforts gouvernementaux peuvent même appauvrir une région au lieu de l'enrichir. L'État a investi des millions de dollars dans sa relance. Des travailleurs de Montréal ont empoché de bons salaires. La région a perdu son usine. Ses entrepreneurs ont fait faillite. Sa population a été doublement trahie…

Dans d'autres cas, on a vu l'État s'engager à verser 50 000 $ par année pour chaque emploi créé, et ce pour 10 ans. On a même vu des entreprises déjà en affaires déménager pour profiter d'avantages fiscaux dont elles n'avaient pas besoin. S'agit-il, dans ces cas, d'enrichissement collectif ou de dilapidation de la richesse collective ?

Dans les faits, l'État doit chercher plutôt à répartir la richesse qu'à en générer. S'il doit créer quelque chose, c'est plutôt un climat favorable aux investissements et à la production de la richesse. Car s'il n'y a pas de création de richesse, il ne pourra pas y avoir de répartition. Le gouvernement qui tente de vous faire croire le contraire n'a pas une très haute opinion de vous…

Des pistes de redéfinition

Dans les années qui viennent, vous serez appelé à redéfinir la nature de l'État. Que choisirez-vous ? Quels principes guideront vos décisions ? Je vous en propose quelques-uns, mais c'est vous, au bout du compte, qui devrez choisir sur quelles bases l'État québécois de demain s'épanouira.

1. Un État démocratique

Des recherches récentes ont démontré que plus un État était démocratique, plus ses citoyens étaient heureux. Il semble en effet y avoir un lien direct entre le bonheur des individus et leur capacité d'influencer les décisions gouvernementales.

Par exemple, dans une étude effectuée en Suisse, il a été démontré que le degré de bonheur des citoyens était plus élevé dans les cantons où le processus démocratique était plus large.

Le Québec est-il démocratique ? Pas au sens où on l'entend dans ces recherches. Le Québec est plutôt un endroit où chaque groupe est représenté par un organisme, mais où les citoyens se sont depuis longtemps distanciés psychologiquement du ou des organismes qui les représentent.

Demandez à 100 femmes si elles ont l'impression d'être représentées par le Conseil du statut de la femme. Demandez à vos concitoyens s'ils pensent que les élus locaux les représentent adéquatement auprès des autorités provinciales ou fédérales. Vous vous rendrez rapidement compte que les gens n'ont pas le sentiment que les groupes de pression défendent vraiment leurs points de vue et leurs intérêts. En fait, ils croient qu'ils ont moins de pouvoir aujourd'hui que n'en avaient jadis leurs grands-parents à l'époque où les groupes de pression ne s'étaient pas encore substitués aux simples citoyens. Ils sont convaincus que ce sont les amis du pouvoir et les élus qui décident et que les individus n'ont pas vraiment voix au chapitre.

Un État qui se préoccupe du bonheur de ses citoyens s'assurera donc d'agir de façon à satisfaire leurs attentes réelles et non seulement en réponse aux pressions exercées par les groupes qui prétendent représenter la population.

2. Un État qui laisse ses citoyens décider de leur destin

Pour être heureux, un être humain a besoin de sentir qu'il exerce un contrôle sur sa propre vie. Privez une personne de ce sentiment et vous la plongez dans la dépression et l'impuissance. Personne ne peut s'épanouir s'il n'a pas l'impression d'être maître de sa destinée.

UNE EXPÉRIENCE SUR DES RATS

Une expérience a été menée sur des rats. À plusieurs reprises, on en a attaché deux dans une cage qui était électrifiée à des moments choisis de façon aléatoire. Quand l'électrification avait lieu, les deux rats subissaient une décharge.

Mais l'un des rats avait un interrupteur à sa disposition. Dès qu'il tendait la patte, il coupait le courant dans la cage. De cette manière, les deux rats étaient soulagés.

Or, une fois qu'on eût retiré les cobayes de cet environnement et qu'on les eût remis dans leur cage, seul le rat qui avait pu utiliser l'interrupteur a repris sa routine. L'autre a sombré dans la dépression. Plusieurs des rats qui avaient subi des chocs électriques sans pouvoir les faire stopper sont morts dans les jours qui ont suivi l'expérience. Ils n'avaient pourtant pas reçu plus de décharges électriques que leurs compagnons d'infortune ; c'est simplement qu'ils ne contrôlaient pas l'interrupteur.

L'État qui encadre trop votre vie et qui vous prive du libre arbitre diminue à un tel point le contrôle que vous exercez sur elle que vous en perdez le plaisir de vivre. Pour rester heureux, vous devez avoir la possibilité de prendre vos propres décisions et même de faire des erreurs si cela vous chante.

3. Un État qui exige quelque chose en contrepartie des services qu'il offre

Vous rappelez-vous la courbe de Judith présentée au chapitre précédent ? Le phénomène qu'elle décrit dans les organisations s'observe également dans la société : ce qui est offert sans qu'une contrepartie soit demandée devient rapidement un droit acquis qui précipite la détérioration de la productivité nationale.

Une personne qui se voit offrir des avantages par la majorité sans qu'on lui demande quoi que ce soit en retour finit rapidement par concevoir de l'animosité envers ceux qui lui font la charité.

Faudrait-il exiger quelque chose des gens aptes au travail qui font appel à l'assistance sociale ? Les diplômés qui ont profité d'une éducation peu coûteuse devraient-ils devoir s'acquitter de quelques obligations avant de se sentir libres d'aller faire bénéficier d'autres contrées de leurs compétences et de leur savoir si précieux ? Ces questions méritent d'être posées.

4. Un État qui encourage l'innovation et l'entrepreneuriat

C'est justement par l'innovation et l'entrepreneuriat que la richesse est créée et, éventuellement, redistribuée. Pour en apprendre plus à ce sujet, lisez l'excellent ouvrage *La culture entrepreneuriale : un antidote à la pauvreté*, de Paul-Arthur Fortin. Pour cet auteur, promouvoir une culture entrepreneuriale forte, c'est enrayer la pauvreté de deux façons : d'une part en favorisant le plein épanouissement des talents issus de la communauté par la création de la richesse et d'emplois ; d'autre part en rendant possible un certain partage de cette richesse en vue de soulager les personnes inaptes au travail. Or, c'est dans les sociétés qui se situent à l'extrême gauche de la courbe de Judith qu'on trouve le plus petit pourcentage d'entrepreneurs.

5. Un État qui ne demande pas aux générations futures de régler la note pour lui

Les citoyens savent qu'il est normal de payer pour les services reçus sans en refiler la facture à qui que ce soit. Le gouvernement n'hésite donc pas à hausser les impôts si les particuliers exigent plus de services, ni à les réduire dans le cas contraire. Il fait en sorte que les citoyens restent conscients du fait que les services reçus sont financés au moyen de leurs contributions en taxes ou en impôts.

Il ne viendrait pas à l'idée des membres du gouvernement d'un tel État de lancer un nouveau programme sans en annoncer les coûts ni de laisser entendre qu'il s'agirait d'un « cadeau du bon gouvernement ». De tels représentants passeraient pour des hypocrites.

6. Un État qui offre la vision d'un avenir souhaitable, désiré par le plus grand nombre

Il ne se contente pas de gérer à la petite semaine. Il sait où il s'en va et ne sacrifie pas ses valeurs à l'atteinte de ces objectifs. Le gouvernement qui pratique une gestion à court terme aura tendance à changer d'idée ou à revenir sur ses décisions au moindre sursaut des groupes de pression. Celui qui sait où il va ne perdra pas de vue ses objectifs, même si cela peut lui faire perdre les prochaines élections.

Est-il possible de se doter d'un gouvernement qui mette le bonheur des citoyens qu'il représente au premier plan ? C'est là un des nombreux défis que vous et votre génération pourrez relever.

Conclusion

Alors que je terminais l'écriture de ce texte, j'ai revu un chef-d'œuvre du cinéma : *L'homme de la Mancha*, avec Peter O'Toole et Sophia Loren. Ce film est basé sur *Don Quichotte* de Cervantès. On pourrait résumer son thème principal à cette question : vaut-il mieux voir le monde tel qu'il est ou tel qu'il pourrait être ? Je vous encourage à voir cette œuvre. Le livre que vous avez entre les mains a commencé avec l'hypothèse que les millénaires étaient dans la merde : c'est ce que j'appelle voir le monde tel qu'il est. Mais pour conclure, je préfère vous dire que le meilleur est à venir et ainsi voir le monde tel qu'il pourrait être.

Je vous propose maintenant une conclusion en deux temps. Si vous êtes un millénaire, lisez ce qui suit, et si vous n'en êtes pas un, passez immédiatement au prochain sous-titre.

Pour les millénaires

Vaut-il mieux voir le monde tel qu'il est ou tel qu'il pourrait être ? Vous pouvez très bien décider de suivre les tendances qui ont marqué les dernières décennies, mais vous rendriez-vous ainsi service ?

Vous pouvez accepter le monde tel qu'il est actuellement et cesser de vous poser des questions, mais est-ce que cela vous comblerait? Devez-vous suivre la voie de la facilité? Vous pourriez devenir tellement plus que ce que vos aînés s'imaginent...

Si j'ai écrit ce livre, c'est que je crois résolument en vous et en votre groupe. Vous, les millénaires, êtes allumés. Vous êtes ouverts sur le monde. Vous savez travailler ensemble. Vous partagez l'assurance d'être en mesure de changer les choses.

Cela ne veut pas dire que tout sera facile. Les prochaines décennies seront tumultueuses. Les pays émergents continueront à saper notre puissance manufacturière. La population vieillissante nécessitera de plus en plus de soins. La dette publique ne pourra pas toujours être léguée à la génération suivante. Pis encore, il est fort possible qu'une crise aussi grave que celle qu'ont vécue les traditionalistes vienne assombrir votre avenir.

Remarquez que c'est cependant durant des crises qu'il devient possible d'inverser des tendances et de briser des structures. C'est également au cours de crises que naît la solidarité. Il faut que vous soyez au pouvoir quand cette possibilité de faire des changements se présentera.

Notez que je ne vous encourage pas à couper les ponts avec les générations précédentes. Vous êtes maintenant en mesure de mieux les comprendre et d'entrer en contact avec eux sans susciter leur agressivité et sans baisser les bras devant leurs arguments. Plus vous serez préparé, au sein de votre cohorte, plus vous pourrez discuter avec vos aînés et leur faire comprendre que ce qu'ils considèrent

Conclusion

comme des principes immuables, comme les fondements du Québec moderne, constituent peut-être davantage des entraves au développement que des outils d'émancipation.

Rappelez-vous également que l'âge ne garantit pas l'appartenance à une cohorte générationnelle. Une personne de 45 ans n'est pas nécessairement un boomer cynique. Un individu de 18 ans n'est pas forcément un millénaire. C'est en reconnaissant les valeurs qui animent une personne que vous serez en mesure de la situer dans l'une ou l'autre des cohortes. Pour que vous puissiez prendre pleinement conscience de cela, je vous encourage à passer un test qui vous aidera à déterminer dans quelle mesure vous avez pu vous imprégner des valeurs de chaque cohorte générationnelle. Rendez-vous donc à http://www.alainsamson.net et cliquez ensuite sur **Logiciels,** puis sur **Générations.** N'hésitez pas à proposer ce test à des amis. Ce sera l'occasion de leur exposer les concepts que vous avez découverts dans ce livre.

Finalement, j'ai un service à vous demander. Il est possible que certains membres des cohortes générationnelles précédentes n'aient pas apprécié ce qui figure dans cet ouvrage. Il est même possible qu'ils me le fassent savoir par le truchement de mon forum de discussion. Ne vous gênez pas pour venir me défendre en vous rendant sur le site mentionné ci-dessus, mais en cliquant ensuite sur **Forum,** puis sur **Générations.** Merci à l'avance !

En terminant, laissez-moi réitérer mon souhait de vous voir changer notre société. Vous arrivez en scène à un tournant de notre histoire. La majorité des élites établies quitteront leurs postes sous peu. Vous pouvez les remplacer et faire radicalement évoluer une société qui s'est peu à peu ankylosée. Bon travail !

Pour les autres

Et alors? Avez-vous apprécié votre lecture? Est-il toujours aussi agréable d'enfreindre une règle et de lire un texte qui ne nous est pas destiné? Ce n'est pas la première fois que vous outrepassez une règle, je le sais...

Au terme de votre lecture, il est possible que vous soyez d'accord avec ce qui a précédé et il se peut aussi que vous ne le soyez pas. Dans les deux cas, je vous invite à réagir.

Prenez votre plume et faites publier vos commentaires dans les pages éditoriales des quotidiens. Lancez le débat. Avez-vous, en tant que cohorte générationnelle, fait les bons choix? Suis-je en train de pervertir une jeune génération? Avez-vous de meilleurs conseils à offrir à ces gens à qui vous allez léguer la dette publique? Vous pouvez vous exprimer au sein de mon groupe de discussion en visitant le site www.alainsamson.net, puis en cliquant sur **Forum** et sur **Générations**. Je vous avertis tout de suite: les propos grossiers seront effacés, mais tous les autres seront publiés.

Il se peut également que vous ne vous soyez pas reconnu dans la description de votre cohorte générationnelle. Il est possible que vos valeurs correspondent à celles d'une autre cohorte. Dans ce cas, faites un test: rendez-vous sur le même site, mais cliquez cette fois sur **Logiciels** puis sur **Générations**. N'hésitez pas non plus à proposer ce test à des amis.

Malgré ce qui précède, ce livre ne constituait pas une charge dirigée contre vous. Je ne vous lance pas la pierre. Je serais mal placé pour le faire, étant moi-même un boomer cynique. Comme je l'ai

Conclusion

mentionné, on devient ce que l'on vit. Vous avez été influencé par les événements que vous avez vécus et vous avez défendu un mode de pensée qui vous semblait optimal.

Cela ne veut pas dire pour autant que vous deviez continuer à nourrir des tendances qui ont fait leur temps. Vous pouvez décider de devenir l'un des alliés de la génération qui devra payer les pots cassés. Vous pouvez les encourager à remettre en question des prémisses douteuses. Vous pouvez être un agent de changement. C'est, en fin de compte, ce que je vous souhaite.

Bibliographie

BARDWICK, Judith M. *Danger in the Comfort Zone*, New York, Amacom, 1995, 255 p.

DUBUC, Alain. «L'entrepreneurship: une nécessité économique, une nécessité sociale», allocution prononcée dans le cadre du colloque 2004 de la Fondation de l'entrepreneurship, tenu à Québec.

DUHAMEL, Alain. «L'avenir des villes mono-industrielles reste incertain», *Les Affaires*, 21 mai 2005, p. 11.

EASTERBROOK, Gregg. *The Progress Paradox*, New York, Random House, 2003, 376 p.

FORTIN, Paul-Arthur. *La culture entrepreneuriale: un antidote à la pauvreté*, Montréal, Les Éditions Transcontinental et Les Éditions de la Fondation de l'entrepreneurship, 2002, 208 p.

GALBRAITH, John Kenneth. *Brève histoire de l'euphorie financière*, Éditions du Seuil, 1992.

HICKS, Rick, et Kathy HICKS. *Boomers, Xers, and Other Strangers*, Tyndale, Illinois, 1999, 370 p.

HOWE, Neil, et William STRAUSS. *Millennials Rising*, New York, Vintage, 2000, 415 p.

LANCASTER, Lynn C., et David STILLMAN. *When Generations Collide*, New York, Harper Business, 2002, 355 p.

LANGLOIS, Jean-Pierre. «Plus de taxes, mais moins d'impôts», *Finance et investissement*, août 2005, p. 1.

LAYARD, Richard. *Happiness: Lessons From a New Science*, New York, Penguin Press, 2005, 310 p.

LINTEAU, Paul-André, et autres. *Histoire du Québec contemporain: le Québec depuis 1930*, Montréal, Boréal, 1986, 739 p.

MASSEY, Morris. *The People Puzzle: Understanding Yourself and Others*, Reston Pub, 1979, 298 p.

MEREDITH, Geoffrey E., et Charles D. SCHEWE. *Defining Markets, Defining Moments*, New York, Hungry Minds, 2002, 363 p.

MEREDITH, Geoffrey E., et autres. *Managing by Defining Moments*, New York, Hungry Minds, 2002, 270 p.

PERREAULT, Laura-Julie. «Au Québec, une grossesse sur trois se termine par un avortement», *La Presse*, 12 février 2005, p. A18.

PESSIS, Jacques. *Chronique de la chanson française*, Trélissac, Éditions Chronique, 2003, 240 p.

PICHER, Claude. «Le véritable exode des cerveaux», *La Presse*, 8 avril 2005, cahier Affaires, p. 5.

SAMSON, Alain. *52 jours pour réinventer ma vie*, Montréal, Les Éditions Transcontinental, 2005, 248 p.

SAMSON, Alain. *Avec qui travaillez-vous?*, Montréal, Les Éditions Transcontinental, 2002, 248 p.

Bibliographie

SAMSON, Alain. *Bien payé mais toujours cassé*, Montréal, Les Éditions Transcontinental, 2001, 92 p. (Coll. S.O.S. Boulot)

SAMSON, Alain. *Comment devenir un meilleur boss*, Montréal, Les Éditions Transcontinental et Les Éditions de la Fondation de l'entrepreneurship, 2005, 151 p. (Coll. Entreprendre)

SAMSON, Alain. *La vie est injuste (et alors?)*, Montréal, Les Éditions Transcontinental, 2004, 183 p.

SAMSON, Alain. *Le travail d'équipe: le susciter, l'améliorer*, Montréal, Les Éditions Transcontinental et Les Éditions de la Fondation de l'entrepreneurship (À paraître)

SAMSON, Alain. *Pourquoi travaillez-vous?*, Les Éditions Transcontinental, Montréal, 2002, 102 p. (Coll. S.O.S. Boulot)

SAMSON, Alain. *Un collègue veut votre peau*, Les Éditions Transcontinental, Montréal, 2001, 95 p. (Coll. S.O.S. Boulot)

SAMSON, Alain. *Vos futurs leaders: les identifier, les former*, Montréal, Les Éditions Transcontinental et Les Éditions de la Fondation de l'entrepreneurship, 2004, 134 p.

SAMUELSON, Robert J. *The Good Life and Its Discontents*, Vintage, New York, 1997, 339 p.

SCHWARTZ, Barry. *The Paradox of Choice: Why More Is Less*, Harper Collins, New York, 2004, 267 p.

SELIGMAN, Martin. «Boomer Blues», *Psychology Today*, octobre 1988, p. 51.

ST-JACQUES, Sylvie. «Joyeuse Bouteille et Bonne Pilule!», *La Presse*, 23 décembre 2004, p. A1.

VALLIÈRES, Martin. «La solvabilité des caisses de retraite suscite l'inquiétude», *La Presse*, 5 avril 2005, cahier Économie, p. 3.

ZEMKE, Ron, et autres. *Generations at Work: Managing the Clash of Veterans, Boomers, Xers, and Nexters in Your Workplace*, Amacom, New York, 2000, 280 p.